江西油菜产业生产效率研究

余艳锋　　付江凡　　主编

中国农业出版社

农村读物出版社

北　京

图书在版编目（CIP）数据

江西油菜产业生产效率研究／余艳锋，付江凡主编
．—北京：中国农业出版社，2023.3
ISBN 978 - 7 - 109 - 30768 - 1

Ⅰ．①江…　Ⅱ．①余…②付…　Ⅲ．①油菜－蔬菜产
业－生产效率－研究－江西　Ⅳ．①F326.13

中国国家版本馆 CIP 数据核字（2023）第 100639 号

中国农业出版社出版
地址：北京市朝阳区麦子店街 18 号楼
邮编：100125
责任编辑：廖　宁　冯英华
版式设计：王　晨　责任校对：吴丽婷
印刷：北京中兴印刷有限公司
版次：2023 年 3 月第 1 版
印次：2023 年 3 月北京第 1 次印刷
发行：新华书店北京发行所
开本：700mm×1000mm　1/16
印张：7.25
字数：120 千字
定价：48.00 元

主　编　余艳锋　付江凡

副主编　王长松　孙明珠

参　编　袁婷婷　黄　微

"洪范八政，食为政首。"作为 14 亿多人口的大国，保障农产品供给、端牢中国人的饭碗，是保障国家安全的基本要求。2022年中央农村工作会议提出"保障粮食和重要农产品稳定安全供给始终是建设农业强国的头等大事"，党的二十大报告提出，"全方位夯实粮食安全根基""树立大食物观""构建多元化食物供给体系""发展乡村特色产业，拓宽农民增收致富渠道"，这充分体现了保障粮食和重要农产品供给、端牢中国人饭碗的重大意义。当前国际形势复杂多变，国际油料市场供给日趋紧张，国内食用植物油缺口仍保持在高位，植物油对外依存度不断提高。而食用植物油是人民群众的生活必需品，随着我国经济水平的不断提高，人们对食用油的需求量增大。因此，确保我国食用植物油供给安全对于降低国际市场依存度、维护社会稳定意义重大。

油菜作为世界上仅次于大豆的第二大油料作物，是食用植物油的主要原料来源。世界油菜种植集中在亚洲、欧洲、美洲，其中加拿大、中国、印度、德国、法国、波兰、俄罗斯、乌克兰、澳大利亚、美国是世界十大油菜生产国，十国生产的油菜籽总量占世界油菜籽总产量的 80％ 以上。中国作为世界第二大油菜生产国，播种面积和总产量占全世界的 1/6 以上。我国油菜种植区域分为春油菜区和冬油菜区。作为长江流域冬油菜主产区，江西始终牢记粮食安全"国之大者",全面落实粮食安全党政同责,层层压实工作责任,用好产油大县奖励等涉农政策,采取系统性、综合性措施,充分挖掘冬闲田及适宜气候等资源,调动各级政府"抓油"和广大农户"种油"积极性。目前,江西油菜播种面积位居全国第四,油菜籽总产量位居全国第六。油菜是江西第二大农作物和最大的油料作物,为确保国家粮油安全、农民增产增收和主要农产品供应作出了重要贡献。

在此背景下,江西现代农业(油菜)产业技术体系产业经济岗团队紧抓提升油菜生产效率、增强江西油菜产业竞争力这一主线,长期深入江西油菜主产区开展实地访谈、问卷调查等,研究江西油菜产业发展现状及发展趋势,从宏观层面上找出油菜产业发展中存在的问题,为提高油菜生产效率提出可实践、可推广、可复制的长效治理措施,为我国尤其是长江流域油菜产业高质量发展打下坚实基础。基于2011—2020年省级层面面板数据和相关年份调研数据,作者对江西油菜产业投入、产出特征进行了分析,并就2013—2018年江西油菜籽生产效率展开测算,分别从时间和空间上探索油菜生产效率演变特征及趋势,并利用竞争力模型分析江西油菜产业竞争力状况,明确影响油菜生产效率的主因素。基于上述分析结论,提出针对性政策建议,为提升长江流域尤其是中部山地丘陵区域油菜生产效率提供决策参考,有效服务全省油菜产业高质量发展。

征途漫漫,惟有奋斗!江西现代农业(油菜)产业技术体系产业经济岗团队成员将以踔厉奋发的精神状态和求真务实的科研作风,不负韶华、不负时代,为江西油菜产业发展提供智力支撑,为实现中国粮油安全贡献力量。

本书是在江西省农业农村厅和江西省农业科学院的指导下,依托江西现代农业（油菜）产业技术体系（项目编号：JXARS-08）、国家自然（地区）科学基金项目"自生能力、联结机制与农业龙头企业绩效：基于新结构经济学视角——以江西为例"（项目编号：72063015）、国家重点研发计划"乡村特色产业社会化服务品牌塑造关键技术研发"（项目编号：2022YFD1600604）等相关项目资金资助完成，在此谨致以衷心感谢！由于水平有限以及部分数据收集存在难度，书中不足之处在所难免，敬请广大读者批评指正。

编　者

2023 年 1 月

目 录
CONTENTS

第一章

导　论

第一节　研究背景

习近平总书记强调，保障好初级产品供给是一个重大战略性问题。时任中共中央政治局常委、国务院总理李克强在 2019 年国务院常务会议上要求抓好大豆等油料作物生产。2021 年中央农村工作会议提出，要全力抓好粮食生产和重要农产品供给，稳定粮食面积，大力扩大大豆和油料作物生产。随后，2022 年农业农村部下发《关于做好新型农业经营主体和社会化服务组织扩种大豆油料专项工作的通知》（农办经〔2022〕1 号），在稳定粮食生产的前提下，统筹粮食作物和油料作物发展，引导家庭农场、农民合作社等新型农业经营主体因地制宜扩大大豆等油料作物生产。自 2009 年中央 1 号文件首次提及"大豆""油料"这两个关键词，到 2022 年中央 1 号文件提出大力实施大豆和油料产能提升工程，加大耕地轮作补贴和产油大县奖励力度，并从多个具体措施与路径角度提出发展方向，表明扩大我国油菜生产、提高油料作物的产量和品质，对于保障国家农产品安全意义重大。

食用植物油是城乡居民生产生活的必需品，其消费量已成为衡量一个国家人民生活水平的重要标志，并在国家食物安全中占有重要的地位。随着社会经济的发展和人们对美好生活的向往，人们的膳食结构发生改变，对营养健康的饮食日益推崇，稻谷类消费量逐年下降，食用植物油消耗量与日俱增，供需缺口不断扩大，导致食用植物油对外依存度不断提高。从植物油产量和消费量对比来看，2020年中国食用植物油生产量达2 933万吨，2020年食用油消费量达3 648万吨，供需缺口715万吨。据农业农村部统计，2022—2023年度中国食用植物油产量2 921万吨，食用植物油消费量3 634万吨，供需缺口713万吨。据国家粮油信息中心发布的《油脂油料市场供需状况月报》，2022—2023年度中国食用植物油产量3 164万吨，食用植物油食用消费量3 610万吨，供需缺口446万吨。尽管我国食用植物油产量不断攀升，但仍不足以满足国内消费需求，中国食用植物油存在明显的供需缺口问题，中国油料仍处于对外依存度较高的阶段，大量食用植物油和油料初级产品需要依靠国外进口。中国食用植物油进口量由2016年的553万吨增至2021年的1 039万吨，年复合增长率为13.44%；中国食用植物油进口金额由2016年的41.639亿美元增至2021年的109.217亿美元，年复合增长率为21.27%。其中，食用棕榈油进口量占比超过50%。而在国内外形势错综复杂、地缘冲突持续加剧的形势下，多国限制本国农产品出口。食用植物油作为人们日常生活的必需品，供需弹性小，一旦过度依赖国外进口，极易造成国内食用植物油价格波动，从而影响人们正常生活和社会稳定。因此，扩大油菜种植面积，提高油菜籽产量，有效提高中国食用植物油自给率，是维护我国油料产业安全的重要保障。

油菜是世界四大油料作物之一，也是我国第一大油料作物，作为食用植物油和植物蛋白的主要来源，兼具油、菜、花、蜜、茶、肥、饲等多维度利用价值，在农产品中占重要地位。2020—2021年中国油菜种植面积为676.48万公顷、油菜籽总产量为1 404.9万吨、单位面积产量为2 076.78千克/公顷，同比增长2.76%、4.18%和1.38%。油菜籽产量占中国油料作物总产量的38.88%，油菜种植面积占中国油料作物总种植面积的 51.64%，油菜在油料作物中存在一定优势。长江流域作为我国油菜主产区，气候、地理条件较适合油菜生长，油菜种植面积和总产量均占全国 85% 左右。据统计，2020—2021 年中国油菜种植面积和油菜籽总产量排名靠前的省份主要集中在长江流域。其中，以四川、湖南、湖北三大省份为首，三大产区的油菜种植面积和油菜籽总产量分别占全国的 54% 和 56%。

江西地处长江中下游冬油菜主产区，油菜种植面积约占全省油料作物种植面积的 70%，总产量约占全省油料作物的 55%，油菜已成为江西种植的第二大农作物和第一大油料作物。油菜种植面积常年保持在 40 万公顷以上，但继 2012 年达到历史峰值 55.185 万公顷以后，江西油菜种植面积呈直线下降趋势，到 2020 年江西油菜种植面积降至 47.543 万公顷，到 2021 年又开始缓慢上升达到 48.3 万公顷，在国家扩种油料政策的号召下，2022 年江西油菜夏收面积再度增长，达到 52.46 万公顷，江西油菜对我国油菜产业发展贡献度逐步提高。尽管江西油菜种植面积位居全国第四位，但单位面积产量水平低，总产量排位靠后，农户种植积极性不高。因此，提升江西油菜生产效率，让农户有钱赚、油菜主产县促油生产有积极性，才能有效扩大江西油菜生产规模，端牢中国饭碗。

第二节 研究意义

国际形势复杂多变和地缘冲突持续，导致油料供应链受阻、国际市场油料供应紧张，严重影响到国际食用植物油供给安全。因此，保障中国食用植物油供给成为我国油菜产业面临的重大课题。本书以提升江西油菜生产效率为目的，运用面板数据和调研数据，科学判断当前江西油菜生产效率，找出影响江西油菜成本收益和竞争力水平的重要因子，对提出有效激发油菜种植户和油菜主产区政府生产油菜积极性的政策措施有着重要的理论意义和实践价值。

一、丰富油菜相关理论

现阶段关于油菜生产效率的研究众多，但集中在江西的油菜生产效率研究几乎没有。因此，本书可在一定程度上丰富中国油菜生产的相关理论。

二、有效提高中国食用植物油自给率

江西作为中国油菜种植面积排位第四的产区，在国家扩种油料政策的引导下，正不断推动稻—油、稻—稻—油、油—旱等模式，油菜种植面积不断扩大。因此，研究江西油菜生产效率，对提高中国油料自给率和保障重要农产品安全具有重大意义。

三、可为中部相似地区油菜生产提供经验借鉴

虽然江西油菜种植面积与湖南、湖北、四川相比差距较大，但每个地区的自然资源、生态环境和地理地势条件不同，油菜种植模式和规模效率存在差异。通过投入产出角度分析江西油菜生产效率，对于提高江西油菜经济效益和竞争力具有一定价值，也能为相似区域油菜生产提供借鉴。

第三节　研究思路、方法与框架

一、研究思路

本书以"江西油菜产业"为研究对象，以"生产效率"为研究内容，以"定性定量"为研究方法，探讨江西油菜产业竞争力提升的发展战略。在阐述国内外油菜产业发展概况的基础上，对江西油菜产业发展历程、区域布局和产加销现状进行分析，基于投入产出和生产效率理论基础，运用2011—2020年投入产出数据，对江西全省及11个设区市开展油菜生产投入产出特征及区域差异分析，并利用微观调查数据对不同

种植规模农户油菜生产成本收益进行分析；借助 DEA-Malmqusit 指数对 2013—2018 年江西油菜产业开展生产效率实证分析，测算江西全省及 10 个油菜主产县（市、区）油菜生产效率，探讨江西 10 个油菜主产县（市、区）油菜生产效率的差异及影响因素；同步借助产业竞争力模型开展 2016—2020 年全国各省份油菜产业竞争力情况调研，并基于 2013—2018 年调研数据开展江西油菜产业竞争力分析，以验证上述实证分析结论。基于以上定性定量分析，从宏观、微观角度提出提升江西油菜产业生产效率的路径。

二、研究方法

基于问题导向与理论分析两条线路，整体上采用实证分析与理论阐释相结合的研究方法进行系统分析。

（一）文献分析法

充分利用网络信息工具，在文献梳理的基础上，认真归纳、总结、借鉴和创新，为本书理论、现状、指标体系及路径、对策等研究奠定坚实的基础。

（二）调查研究法

实地走访调查江西油菜主产区，与农业主管部门、农业院校、农业科研单位和油菜产业经营主体相关人员进行座谈；同时，设计调查问卷，采取线上与线下相结合的方式，获取基础研究数据。

（三）定性与定量分析相结合

基于前期的定性分析，以及数据采集和实地调查，构建数理模型，测算江西油菜产业生产效率和竞争力水平，找出影响因素，提出针对性的发展策略。

三、研究框架与技术路线

（一）研究框架

本书以江西油菜生产效率为研究主题，从多层面探讨江西油菜生产效率变动特征和深层次影响原因。本书共分为八章，主要内容如下。

第一章为导论。阐明课题研究背景，研究意义，研究思路、方法与框架。

第二章为理论基础与研究综述。阐述投入产出理论和生产效率理论，并对国内外相关研究进行综述和评价。

第三章为江西油菜产业发展状况。掌握国内外油菜生产概况，并从发展历程、区域分布、产加销情况等角度深入分析江西油菜发展状况。

第四章为江西油菜投入产出特征及比较。运用相关数据分析2011—2020年江西油菜籽投入产出变化特征，以及不同种植规模下的油菜籽和菜籽油成本收益对比，并与国内油菜主产区对比油菜籽成本收益差异及变动趋势，揭示差异形成的原因。

第五章为江西油料作物生产现状、布局及时空演变分析。分析江西油菜、花生和芝麻产业的生产现状，同时分析了其生产分布的时空演变情况。

第六章为江西油菜主产县生产效率测度研究。基于 DEA-Malmquist指数，以调研数据为基础，测度和分析了2013—2018年以来江西10个油菜主产县（市、区）油菜生产的技术效率、配置效率、全要素生产率增长情况。

第七章为江西油菜产业竞争力分析。基于熵值法，重点运用产业竞争力模型分析江西油菜产业在国内油菜主产区中的地位，以揭示限制江西油菜竞争力提升的主要因素。

第八章为研究结论与政策建议。在归纳第二章至第七章分析结论的基础上，提出相应的政策建议。

（二）技术路线

按照"理论→机制→路径→对策"进行规范性研究，本书理论构建、方法运用、技术路线均可行，技术路线见图1-1。

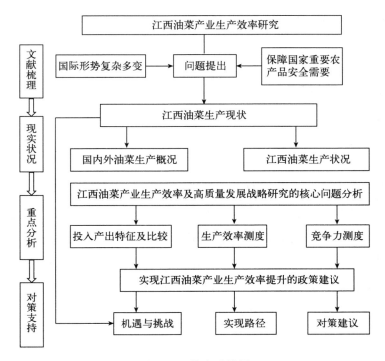

图 1-1 技术路线图

四、优势与不足

(一)优势

1. 研究视角创新

现有关于"油菜""生产效率"的研究对象大多集中在省域、经济带、全国、行业层面,但以"江西油菜产业""生产效率"为主题的研究少之又少。江西作为油菜种植面积居全国第四位的长江流域油菜主产区,其油菜产业发展具有重要战略地位。因此,从江西区域角度对近几年江西油菜生产效率展开研究,并对不同种植规模下的油菜籽和菜籽油生产效率进行对比分析,为长江流域尤其是中部丘陵山区油菜产业生产效率提升和生产适度规模经营提供了依据。

2. 学术观点创新

提升江西油菜产业生产效率，既是增强江西油菜竞争力的有效方式，也是提升江西油菜产业高质量发展的现实需求，更是确保国家重要农产品安全的政策要求。

3. 研究方法特色

运用文献归纳法、文本量化分析、规范分析方法、系统研究方法、实证分析方法等组成方法体系多方位、多角度地研究本课题。

（二）不足

本书在开展定量分析时，由于无法采集到足够多的江西油菜产业投入产出调研数据，在开展江西油菜种植户典型案例分析和江西油菜生产效率及竞争力分析时采用了一定年限的调研数据，多数分析所使用的数据均源自农业统计年鉴和全国农产品成本收益资料汇编，只能开展省级层面的数据分析，这使得本书未能深入分析江西地市层面的油菜生产效率，难以精准提出每个区域的发展策略。

第二章

理论基础与研究综述

第一节　理论基础

一、投入产出理论

（一）投入产出理论基本概念

投入产出理论是由美国经济学家华西里·列昂惕夫提出的。1936年，他发表的《美国经济制度中投入产出的数量关系》论文中首次提到投入产出分析概念。投入产出理论通过编制投入产出表，建立投入产出模型，进行经济问题分析、经济政策模拟和经济走势预测，探求经济生产活动中投入要素与生产产出之间的平衡关系。伴随着研究深入，早期静态、单一投入产出模型逐步完善为动态、与现代科学管理方法相结合的系统性理论，投入产出分析应用领域不断扩大，为现代投入产出效率研究奠定了基础。

投入产出分析主要用于分析经济系统各经济部门间的投入产出联系，通过构建矩阵，反映各个部门间产品的数量依存关系。在投入产出法中，投入是指生产活动中对物质及服务的消耗，是在生产链的首端流入如土地、物质等要素；产出是指在生产活动中得到的产品，是生产链末端的输出去向。

（二）投入产出理论的基本假设

在国民经济研究中，投入产出理论通过编制棋盘式投入产出表和建立相应的线性代数方程体系，构建一个模拟现实的国民经济结构和社会产品再生产的重要比例关系，是对国民经济全部产品部门和复杂经济活动的简化。因此，投入产出理论具有严格的前提假设，主要包括以下几点。

第一，同质性假设。在投入产出模型中，假设一个部门只生产一种商品；同时一种产品只由一个部门生产。

第二，规模报酬不变假设。在投入产出过程中，投入量和产出量成正比，且在一个周期内保持不变。即当每个部门投入量增加一定倍数时，产出量也增加相同倍数，投入和产出成正比例关系。

第三，价格和技术不变假设。在一个生产周期内，不存在价格变动和技术进步影响投入产出关系的变化。

尽管假设与现实存在较大差距，但假设却能更好地排除其他因素影响，方便分析各部门间的产出投入联系。

（三）投入产出表

投入产出理论中，部门间的生产技术联系可以通过投入产出表描述。投入产出表是一种反映各部门投入来源和产出去向的棋盘式表格。投入产出表中，横向数据表示各部门的商品在整个经济系统中的分配，纵向数据表示各部门在生产商品时所需的所有部门的中间投入。投入产出表中有两个基本平衡关系式：从横向看，总产出等于最后需求和中间使用之和；从纵向看，总产出等于中间消耗和净产出之和。通过投入产出表，可以清晰地展示经济体系内各部门间的内在联系。

二、生产效率理论

（一）生产效率

在物理学上，效率是指有用功率对驱动功率的比值。生产效率作为现代经济学中一个重要概念，是建立在效率定义基础上的，多用于研究区域经济发展状况、资源使用情况及政策实施效果等。经济学家刘易斯最初将生产效率定义为生产部门在现有技术水平下用最少投入获得最多产出的能力。在一定投入量下，生产效率是指实际产出与最大产出两者间的比率，可用于衡量经济个体在产出量、成本、收入、利润等目标下的绩效。生产效率关注的重点是生产部门能否利用有限的资源达到最大生产产出。随着理论的发展，生产效率的概念产生了狭义和广义之分：狭义上，生产效率是指生产部门中单位时间内的产品产出量；广义上生产效率还包含产品周转率、生产周期等。

（二）农业生产效率

产业生产效率是指在某一技术水平下，产业的实际产出与最大产出的比率。农业生产效率是指一定数量的要素投入在单位时间内生产的农产品的数量或产值，或生产单位农产品所消耗的要素投入量，是用于衡量农业发展速度和质量的指标。一般认为，决定农业生产效率水平的因素主要有劳动者的生产技术水平、工作技能、工作态度和心理状况，农业生产技术和设备水平以及农业生产的机械化水平，农业工作组织的形式和农业生产与控股单位的管理水平，土壤肥力、气候和其他影响农业生产的自然条件等。农业生产效率研究可以进一步转化为对农业技术效率和农业资源配置效率的研究，农业技术效率研究的是在当前技术水平下农业生产能否获得最大产量，农业资源配置效率研究的是如何通过对各个要素的合理配置达到最大产出水平。

（三）生产效率相关理论

目前，生产效率相关理论主要分为 4 种：古典经济理论、新古典经济理论、凯恩斯主义理论和 X 效率理论。因时代社会背景和经济研究领域等因素的不同，4 种理论具有不同的视角和理论侧重点，具有较大差异。

古典经济理论中的生产效率分析：18 世纪，资本主义生产方式从手工业转向机器大工业，这一时期劳动分工与专业化水平大幅度提升。在此背景下，古典经济理论代表人亚当·斯密认为，劳动分工提高了生产效率，从而导致产量成倍提升，社会财富增加。亚当·斯密指出劳动分工提高劳动生产率的主要原因是劳动分工提高了工人操作熟练度，节约了工作转换时间，机器提高了劳动作业速度。因此，根据古典经济理论，劳动分工是决定生产效率的关键因素，并促使生产部门生产可能性边界向外扩展。

新古典经济理论中的生产效率分析：在新古典经济理论时期，从资源配置角度出发，以马歇尔为代表的经济学家认为生产效率问题即为帕累托效率。帕累托效率是指社会资源的配置达到一种状态，即在不使其他人情况变坏的情况下，不能使任何一个人情况变得更好，此时资源配置便是最有效率的，否则便是缺乏效率的。马歇尔在古典经济理论的基础上提出"工业组织可有效提升生产效率"的理论，认为提升生产效率的关键因素中，不仅劳动分工有极大的贡献，新型的工业组织形式更有助于充分利用区域优势而提高生产效率。

凯恩斯主义理论中的生产效率分析：凯恩斯主义时期，有效需求理论是凯恩斯主义的中心理论，即有效需求下降会导致总需求下降，进而产出水平下降，生产部门会通过解雇工人减少工资支出等方式减少生产成本，维持自身利益。凯恩斯认为，尽管由于市场有效需求不足导致产品消费出现相对过剩问题，但是并没有因此导致生产效率下降，这是因为生产部门会通过减少生产要素的投入以保持生产效率在最高水平上，如解雇工人或降低工人工资等方法。

X效率理论中的生产效率：上述理论都较为注重资源配置效率，但在20世纪30年代，越来越多的研究指出，生产部门内部存在非配置低效率且其重要性不容忽视。莱宾斯坦将这种非配置低效率定义为"X效率"。基于X效率理论三条基本假设（工人并非完全理性，工人与生产部门的目标并非完全一致，工人行为受习惯影响且可以自主选择努力程度）可知，决定生产效率的因素取决于生产部门和工人双方，并非完全由生产部门决定。针对X低效率现象，可通过改进生产部门组织形式、提高对工人的激励等诸多对策来提高生产效率。

第二节　研究综述

一、生产效率研究综述

生产效率是指在一定投入量下，实际产出与最大产出两者间的比率，可用于衡量经济个体在产出量、成本、收入、利润等目标下的绩效。农业生产效率则是在农业生产过程中对农业资源的利用程度。

相较于国内研究而言，国外学者关于生产效率的研究较早且较为全面，研究大多围绕测算农业生产效率展开，Lambert 等（1998）利用1979—1995 年中国省级数据测算我国农业生产效率，结果表明我国农业生产效率增长最迅速的阶段是农村改革和市场化改革时期；Salame（2014）研究了 1972—2006 年以色列、约旦、黎巴嫩和叙利亚 4 个国家的农业生产力，利用数据包络分析法（DEA）来计算 Malmquist 生产率指数。部分学者从农业生产效率的影响因素角度开展研究，Theodoridis 等（2012）通过数据包络分析法研究农场生产效率，结果表明现有农场资源的分配效率低下，进而影响农场生产效率。

国内学者对农业生产效率的研究起步较晚，但随着农业发挥越来越重要的作用，对我国农业生产效率的研究不断深入。一是农业生产效率测算方面的研究。常甜甜等（2022）对长江经济带农业生产的面板数据进行农业生产效率测算，结果表明农业生产效率整体存在较大上升潜力，需加大科技投入以实现农业高质量发展。二是农业生产效率影响因素方面的研究。周宏等（2014）发现农业社会化服务水平对生产效率的提高起促进作用；郭军华等（2010）则发现农村居民家庭人均纯收入、城镇化水平和数字普惠金融水平会抑制农业生产效率提升。

二、国外油菜研究综述

国外相关研究从影响油菜生产的因素、油菜的播种季节和播种方式、油菜生产效益等角度展开分析。Hergert 等（2016）在美国内布拉斯加州西部进行油菜生长实验，研究发现灌溉水平会影响油菜生产，灌溉系统的优化不仅使得油菜籽产量提高，而且还会使其含油量提高。Zeleke 等（2014）研究了季节变化、播种日期和播种时土壤含水量对几种油菜品种产量的影响，结果表明播种日期影响油菜生长季节的长度，从而影响油菜的产量，较高的起始土壤水分显著有利于油菜生产。Mario 等（2022）在研究美国油菜产油量时，发现油菜有助于满足市场对植物食用油的需求，扩大油菜农田面积以提高产油量具有巨大潜力，应重点培育稳定高产油量的品种。

三、国内油菜研究综述

我国对油菜生产的研究主要集中在油菜产业发展现状和油菜生产效率影响因素等方面。

关于油菜产业发展现状研究如下。关周博等（2016）指出油菜在我国农业生产中十分重要，是我国优势油料作物，除具有食用价值外油菜应用领域广泛；但目前我国油菜生产形势严峻，仍存在较大进步空间。马文杰等（2010）研究表明，我国油菜优势生产区域集中在长江流域和青海省，进一步研究我国油菜国际竞争力时发现，21 世纪以来我国油菜生产的比较优势和国际竞争力并不强，与发达国家油菜相比，我国油菜比较优势较弱、国际竞争力有待进一步提升。李丹（2010）对我国油菜产业安全度展开研究，指出随着关税配额取消、植物油市场开放，我国油菜产业的安全状态不稳定，保护油菜产业安全迫在眉睫。廖星（2004）对加入世界贸易组织（WTO）后我国油菜产业发展进行研究，认为"入世"会影响我国油菜产业发展，只有积极应对加入 WTO 的挑战，我国油菜产业才能增强与国外高品质油菜产品相抗衡的竞争力，从而确保油菜产业健康发展。目前我国油菜生产形势严峻，主要原因在于我国油菜生产效率较低，与国际油菜生产效率存在较大差距。

关于油菜生产效率影响因素的研究大多从以下几个角度展开。一是气候条件、自然灾害等对油菜生产的影响。丛日环等（2019）以长江流域冬油菜种植区为研究对象，探索评估不同区域气象因子对油菜籽产量的影响，研究发现平均气温和降水量与产量主要呈负相关关系；昼夜温差越大，越有利于油菜增产；日照时数和太阳辐射与产量总体相关性较低。赵炜等（2009）研究气候灾害和病虫害对油菜生产的影响，发现气候灾害对油菜生产影响较大，并能诱发病虫害的发生。二是生产要素投入影响油菜生产。金福良等（2013）采用2011年度农户冬油菜生产情况调查问卷数据，研究发现生产投工对油菜生产有正向促进作用，资本投入暂未发挥显著作用，表明我国油菜生产处于劳动密集型阶段。罗海峰等（2009）运用灰色关联度分析我国油菜生产机械化的影响因素，结果表明劳动力投入、财政资金投入对油菜生产机械化水平影响较大。孙飞等（2019）利用敏感性和贡献率分析，在对影响湖北省油菜种植收益的因素进行研究时发现，湖北省的油菜种植面临挤压困境，人工成本和农资成本影响湖北省油菜种植收益变动。三是国家政策以及社会化服务影响油菜生产。刘慧桢等（2022）通过测算我国13个省份油菜生产技术效率，分析农机服务水平产生的影响，结果表明农机服务比例提升对油菜生产技术效率提升存在显著促进作用。陈云飞等（2020）以我国11省份统计及农户调查数据研究我国冬油菜生产的技术效率地区差异及其影响因素，进一步指出我国农业政策应着力提升油菜生产规模效率，保障财政支农支出和科技创新水平。马世杰等（2015）介绍了安徽省油菜机械化生产发展现状，认为要加强农机与农艺融合力度、增加惠农政策补贴等，提高油菜机械化水平。

四、述评

综上所述，油菜是种植最广泛的油料作物，油菜产业生产一直备受广大学者关注。国外学者大多关注影响油菜生产的因素、油菜的播种季节和播种方式、油菜生产效益等，重点在于探讨促进油菜生产效率提升的对策。国内学者拓宽研究角度，从宏观政策角度分析油菜产业发展现状和潜力，如加入 WTO 对油菜产业发展的影响，他们更关注优化产业布局、加强科技创新、保障财政支农政策等宏观因素对油菜产业发展的影响，为我国油菜产业更好地发展建言献策。

第三章

江西油菜产业发展状况

第一节　世界油菜生产概况

一、世界油菜生产总体概况

作为世界上仅次于大豆的第二大油料作物，油菜是食用植物油的主要原料。油菜籽压榨后的菜籽油是优质食用油，含丰富的脂肪酸和多种维生素，可供应人体所需营养。油菜中的亚油酸具有促进消化、降低胆固醇等作用，且人体所需亚油酸完全依赖于植物油的供应。油菜籽榨油后的饼粕蛋白质含量丰富，营养价值高，是良好的精饲料。除此之外，油菜在工业原料供给方面也有广泛用途，比如在机械、制药、润滑油等领域，菜籽油均是重要原材料。

油菜是世界四大油料作物之一，主要在亚洲、欧洲、美洲种植。2020年亚洲油菜籽产量达到2 469.14万吨，欧洲产量为2 370.04万吨，美洲产量为2 147.43万吨，亚洲、欧洲、美洲油菜籽产量分别占世界油菜籽总产量的34.11%、32.75%、29.67%，三大洲总产量合计占比为96.53%。其余油菜分别种植在非洲和大洋洲，油菜籽产量约为251万吨，约占世界油菜籽总产量的3.47%。联合国粮食及农业组织（FAO）数据显示，21世纪以来，全球油菜种植面积和总产量持续增长。由表3-1和图3-1可见，全球油菜种植面积从2000年的2 585.79万公顷增长到2020年的3 549.65万公顷，年均增长率为

1.60%；油菜籽总产量从 2000 年的 3 955.24 万吨增长到 2020 年的 7 237.58 万吨，年均增长率为 3.07%；相较之下，油菜籽单位面积产量增长幅度稍小，仅从 1.53 吨/公顷增长到 2.04 吨/公顷，年均增长率为 1.45%。

表 3-1　2000—2020 年世界油菜籽总产量、油菜种植
面积和油菜籽单位面积产量

年份	油菜籽总产量（万吨）	油菜种植面积（万公顷）	油菜籽单位面积产量（吨/公顷）
2000 年	3 955.24	2 585.79	1.53
2001 年	3 597.53	2 272.26	1.58
2002 年	3 531.36	2 298.50	1.54
2003 年	3 587.47	2 350.66	1.53
2004 年	4 644.15	2 499.87	1.86
2005 年	4 988.97	2 795.45	1.78
2006 年	4 866.14	2 721.17	1.79
2007 年	5 057.31	2 946.66	1.72
2008 年	5 687.32	3 009.27	1.89
2009 年	6 220.87	3 163.76	1.97
2010 年	5 986.13	3 210.42	1.86
2011 年	6 276.87	3 376.97	1.86
2012 年	6 265.06	3 471.78	1.80
2013 年	7 317.02	3 656.36	2.00
2014 年	7 450.86	3 646.04	2.04
2015 年	7 027.82	3 449.00	2.04
2016 年	6 824.23	3 286.78	2.08
2017 年	7 657.45	3 576.16	2.14
2018 年	7 518.40	3 700.17	2.03
2019 年	7 183.87	3 429.02	2.10
2020 年	7 237.58	3 549.65	2.04

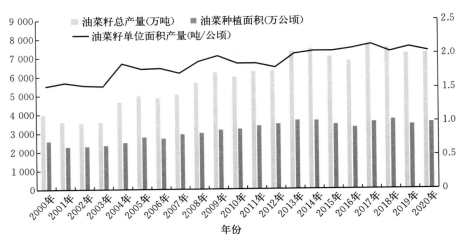

图 3-1 2000—2020 年世界油菜籽总产量、油菜种植面积和油菜籽单位面积产量

数据来源：联合国粮食及农业组织统计数据库（FAOSTAT）。

二、世界油菜籽总产量概况

2000—2020 年，世界油菜籽产量总体维持平稳增长趋势，其中2000—2002 年、2014—2016 年油菜籽产量出现小幅度下降。表 3-2 显

表 3-2 2020 年油菜籽总产量排名前十的国家

国家	产量（万吨）
加拿大	1 948.47
中国	1 400
印度	912.4
德国	352.73
法国	329.71
波兰	298.75
俄罗斯	257.25
乌克兰	255.73
澳大利亚	229.86
美国	157.63

数据来源：联合国粮食及农业组织统计数据库（FAOSTAT）。

示，2020 年，世界油菜十大生产国分别为加拿大、中国、印度、德国、法国、波兰、俄罗斯、乌克兰、澳大利亚、美国。十大生产国油菜籽总产量达 6 142.53 万吨，占世界油菜籽总产量的 80% 以上。加拿大作为世界油菜最大生产国，自 1942 年开始引种油菜，2020 年油菜籽产量达 1 948.47 万吨，萨斯喀彻温省、阿尔伯塔省、马尼托巴省和不列颠哥伦比亚省是加拿大油菜主产区。中国作为油菜第二大生产国，2020 年油菜籽产量达到 1 400 万吨，油菜主要在四川、湖北、湖南、安徽、贵州、江西等省份种植，据统计这些地区对全国油菜籽产量的贡献超过 70%。

三、世界油菜种植面积概况

21 世纪以来，世界油菜种植面积与总产量呈同方向发展，整体起伏不断，呈波浪式增长态势。相关数据显示，世界油菜分布广、生产集中度较分散。表 3 - 3 显示，2020 年，世界油菜种植面积前十的国家分别为加拿大、印度、中国、澳大利亚、俄罗斯、法国、乌克兰、波兰、德国、美国。种植面积前十国家的油菜种植总面积为 3 100.78 万公顷，占世界油菜种植面积的 87.35%。

表 3 - 3　2020 年油菜种植面积前十的国家

国家	种植面积（万公顷）
加拿大	832.52
印度	750
中国	680
澳大利亚	203.41
俄罗斯	145.54
法国	111.39
乌克兰	111.25
波兰	98.09
德国	95.77
美国	72.81

数据来源：联合国粮食及农业组织统计数据库（FAOSTAT）。

四、世界油菜单位面积产量概况

据联合国粮食及农业组织（FAO）数据显示，世界油菜籽单位面积产量呈阶梯式稳步增长态势。表3-4显示，2020年世界各国油菜籽单位面积产量差异较大，且油菜生产大国的单位面积产量并不高。2020年单位面积产量排前十的国家为爱尔兰、智利、丹麦、比利时、德国、瑞士、荷兰、土耳其、瑞典、立陶宛，除德国以外，油菜籽单位面积产量前十的国家全部都是非油菜主产国。由此可知，世界油菜生产大国并非油菜生产强国。爱尔兰油菜籽单位面积产量是立陶宛的1.24倍，是中国的2.05倍。

表3-4　2020年油菜籽单位面积产量前十的国家

国家	油菜籽单位面积产量（吨/公顷）
爱尔兰	4.27
智利	4.05
丹麦	3.84
比利时	3.73
德国	3.68
瑞士	3.59
荷兰	3.55
土耳其	3.47
瑞典	3.46
立陶宛	3.43

数据来源：联合国粮食及农业组织统计数据库（FAOSTAT）。

第二节　中国油菜生产概况

中国油菜种植历史悠久，迄今为止油菜生产历史已长达六千多年，作为油菜起源地之一，我国劳动人民油菜种植经验丰富。我国是全球油菜生产量靠前的国家之一，每年种植面积和总产量占全世界的 1/6 以上。2020 年，中国油菜籽总产量为 1 400 万吨，占世界油菜籽总产量的 19.34%；油菜种植面积为 680 万公顷，占世界油菜种植面积的 19.16%。据数据分析，2020 年我国油菜籽总产量及油菜种植面积均位于国际前列，约占全世界的 1/5。

一、中国油菜分布区域

在农业生产中，油菜是我国主要油料作物之一，其产量仅次于水稻、玉米、小麦等主要农作物。按照生产特点及农业区划，我国油菜大致分布在两大产区，即春油菜区和冬油菜区。其中春油菜主要集中在我国西南部等地区，主要分布在甘肃、青海、内蒙古、新疆以及西藏等省份，每年 4 月播种，9 月收获，约占我国油菜种植面积和油菜籽总产量的 10%。冬油菜主要集中在我国的长江流域和云贵地区，主要分布在四川、湖北、湖南、安徽、贵州、江西、云南、重庆、江苏、陕西、浙江以及河南等省份，9 月底播种，翌年 5 月底收获，约占我国油菜种植面积和油菜籽总产量的 90%。

二、中国油菜籽总产量概况

由表 3-5 和图 3-2 可知，2000—2020 年，我国油菜生产总体上呈现稳定增长趋势。其中 2006 年油菜籽产量急剧下降，主要是我国加入 WTO 导致 2006 年关税配额限制取消产生的影响，国外农产品大量进入我国，导致国内农产品竞争力下降；2016 年油菜籽产量出现下跌现象，主要是 2015 年油菜籽临储收购政策取消后，农户油菜籽出售价格大幅下跌，导致种植户积极性下降；2002 年与 2010 年油菜籽产量下跌则可能是受极端天气影响，自然灾害影响油菜生长。近几年，中美贸易摩擦不断，我国大豆消费对外依存度较高，为保障油料供给安全，我国政府加大了对油料作物种植的扶持力度，油菜种植面积和油菜籽产量正在恢复，2020 年我国油菜种植面积和油菜籽总产量分别为 676.47 万公顷和 1 404.9 万吨。据图 3 - 3 可知，2020 年我国油菜籽产量最高的省份是四川，总产量为 317.2 万吨，是江西油菜籽产量的 4.68 倍。

表 3 - 5　2000—2020 年中国油菜籽总产量、油菜种植面积和油菜籽单位面积产量

年份	油菜籽产量（万吨）	油菜种植面积（万公顷）	油菜籽单位面积产量（吨/公顷）
2000 年	1 138.06	749.42	1.52
2001 年	1 133.14	709.46	1.6
2002 年	1 055.22	714.34	1.48
2003 年	1 142	722.09	1.58
2004 年	1 318.17	727.14	1.81
2005 年	1 305.23	727.85	1.79
2006 年	1 096.61	598.38	1.83
2007 年	1 057.26	564.22	1.87
2008 年	1 210.17	659.37	1.84
2009 年	1 353.59	717.03	1.89
2010 年	1 278.81	731.6	1.75
2011 年	1 313.73	719.2	1.83
2012 年	1 340.15	718.67	1.86
2013 年	1 363.6	719.35	1.9
2014 年	1 391.43	715.81	1.94
2015 年	1 385.92	702.77	1.97
2016 年	1 312.8	662.28	1.98
2017 年	1 327.41	665.3	2
2018 年	1 328.12	655.06	2.03
2019 年	1 348.47	658.31	2.05
2020 年	1 404.9	676.47	2.08

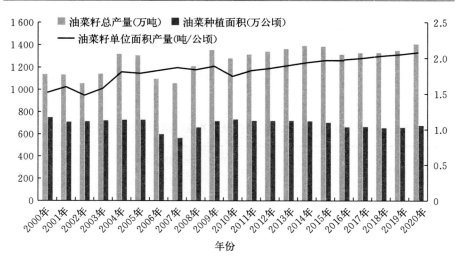

图 3-2　2000—2020 年中国油菜籽总产量、油菜种植面积和单位面积产量

数据来源：2001—2021 年的《中国农村统计年鉴》。

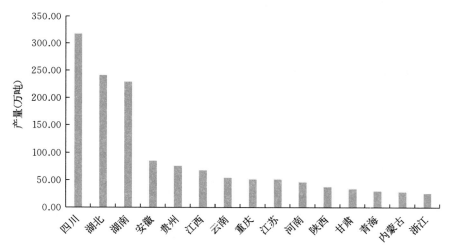

图 3-3　2020 年我国油菜主产区油菜籽产量

数据来源：2021 年的《中国农村统计年鉴》。

三、中国油菜种植面积概况

2000 年以来，我国油菜种植面积相对较为稳定，总体呈波浪式变化态势，存在一定程度的波动。尤其是 2007 年，在主要粮食作物得到种植补贴的情况下，油菜种植面积下降到 20 多年来最低水平，仅为 564.22 万公顷，总产量亦为最低水平，为 1 057.26 万吨。此外，2005—2007 年期间我国油菜种植面积出现明显下滑；2009 年之后，油菜种植面积开始回升，但增长速度明显放缓；近年受贸易战和政策支持影响，油菜种植面积呈现缓慢增长趋势。据图 3-4 可知，2020 年我国油菜种植面积最大的省份是湖南，油菜种植面积为 132.64 万公顷，是江西油菜种植面积的 2.79 倍。

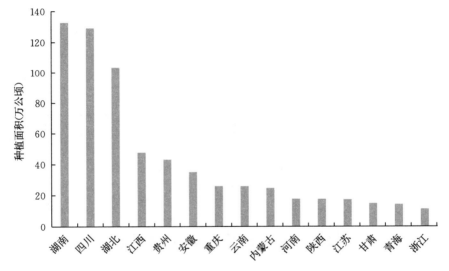

图 3-4 2020 年我国油菜主产区油菜种植面积

数据来源：2021 年的《中国农村统计年鉴》。

四、中国油菜籽单位面积产量概况

我国油菜籽单位面积产量呈现稳定增长趋势，加入 WTO 后，虽然我国油菜种植面积和油菜籽总产量存在一定程度的波动，但油菜籽单位面积产量却维持稳定增长态势。2000 年油菜籽单位面积产量为 1.52 吨/公顷，2020 年已达到 2.08 吨/公顷，年均增长率为 1.58％，但与油菜籽单位面积产量最高国爱尔兰 4.27 吨/公顷的单位面积产量水平仍存在一定差距。由图 3-5 可知，我国油菜主产区油菜籽单位面积产量最高的是江苏，为 2.96 吨/公顷；油菜籽总产量最高的四川排第三位，油菜种植面积最大的湖南排第十三位；江苏油菜籽单位面积产量是江西油菜籽单位面积产量的 2.07 倍。

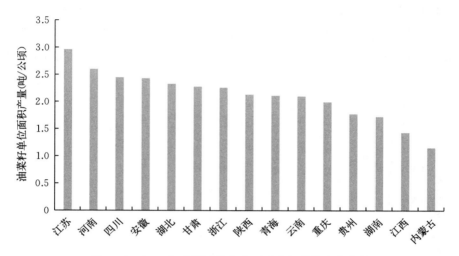

图 3-5　2020 年我国油菜主产区油菜籽单位面积产量

数据来源：2021 年的《中国农村统计年鉴》。

第三节　江西油菜生产状况

一、油菜发展历程

油菜是江西第二大农作物和最大的油料作物。2020 年，江西油菜种植面积为 47.543 万公顷，全国排名第四位（前 3 位为湖南、四川、湖北），占全省油料种植面积的 70.07%；油菜籽总产量为 67.81 万吨，全国排名第六位（前 5 位为四川、湖北、湖南、安徽、贵州），占全省油料作物总产量的 55.26%。油菜籽单位面积产量为 1.43 吨/公顷，远低于全国的平均单位面积产量 2.08 吨/公顷，全国排名第二十五位，提升空间巨大。作为长江流域油菜主产区，江西认真贯彻党的决策部署，发挥长江流域油菜产业带优势，充分挖掘冬闲田及气候等资源，积极扩大油菜种植，为江西农民增产增收和主要农产品供应作出贡献。

根据《江西统计年鉴》数据显示，1978年以来江西油菜种植面积和油菜籽总产量变化趋势一致。如图3-6所示，江西油菜发展历程大致分为4个阶段。第一阶段为1978—1989年，江西油菜缓慢稳步增长，江西油菜种植面积和油菜籽总产量稳步增长，但增长较为缓慢。1978年油菜种植面积为17.43万公顷，油菜籽总产量为6.84万吨；1989年油菜种植面积增长至35.89万公顷，油菜籽总产量增长至19.88万吨，11年间增长幅度为105.91%和190.64%，年均增长率分别为6.79%和10.19%。1978—1989年间，江西油菜品种约70%为白菜型地方农家种，品种产量极低，导致江西油菜产业发展缓慢。第二阶段为1989—1995年，江西油菜快速波动增长，江西油菜种植面积和油菜籽总产量增长迅速且在1993—1994年出现较大波动。1989年油菜种植面积和油菜籽总产量分别为35.89万公顷和19.88万吨，1995年增长至86.41万公顷和69.02万吨，增长幅度分别为140.76%和247.18%，年均增长率分别为15.77%和23.05%。1989—1995年，油菜籽总产量和油菜种植面积得到大幅度提高，原因在于1988年"冬季农业开发"总体战后，油菜生产得到了较为广泛的重视，全省广泛开展甘蓝型油菜良种推广。第三阶段为1995—2003年，江西油菜生产急剧下滑，油菜种植面积和油菜籽产量降幅高达50%。2003年油菜种植面积为42.81万公顷，油菜籽总产量为36.48万吨，1995—2003年油菜种植面积降幅达50.46%，年均下降幅度为8.40%，油菜籽总产量降幅47.15%，年平均下降幅度为7.66%。1995—2003年间，农业在国民经济中比重下降，致使种植业结构调整，农民积极性下降，油菜生产出现急剧下滑现象。第四阶段为2003—2020年，江西油菜籽产量增长缓慢，油菜种植面积平缓下滑。21世纪以来，受农业优惠政策措施和食用油市场形势影响，农民种植油菜的积极性提升，江西油菜生产平稳增长。2020年江西油菜种植面积为47.543万公顷，油菜籽总产量为67.81万吨，种植面积增幅为11.05%，年均增长率仅为0.62%，总产量增幅为85.88%，年均增长率为 3.71%。这一时期，随着油菜一些关键技术的突破、消费认识的提高、乡村旅游的兴起等形势变化，油菜产业发展逐渐进入"回温"态势，油菜籽产量缓慢增加。

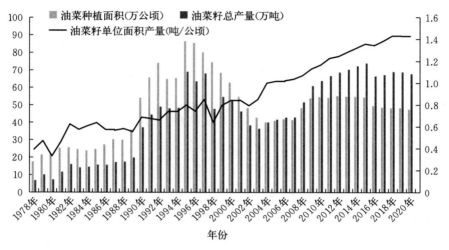

图 3-6　1978—2020 年江西油菜种植面积、油菜籽总产量和油菜籽单位面积产量

数据来源：1979—2021 年的《江西统计年鉴》。

二、油菜区域分布

江西油菜种植历史悠久，但江西油菜分布不均、单位面积产量水平参差不齐。油菜生产主产区主要分为"一区两廊"布局。一是赣北油菜高产区。包括鄱阳湖及赣北地区的 18 个县（市、区）：南昌市的新建区、安义县，景德镇市的浮梁县、乐平市，九江市的武宁县、修水县、庐山市、都昌县、湖口县、彭泽县、瑞昌市，宜春市的奉新县、靖安县、高安市，上饶市的铅山县、余干县、鄱阳县、婺源县。二是京九铁路沿线油菜长廊。纵贯赣北至赣南 15 个县（市、区）：九江市的濂溪区、柴桑区、德安县、永修县，吉安市的峡江县、新干县、吉安县、吉水县、泰和县、万安县、安福县、永新县，赣州市的于都县、瑞金市、赣县区。三是浙赣铁路沿线油菜长廊。横穿赣中 18 个县（市、区）：上饶市的玉山县、广丰区、广信区、弋阳县，鹰潭市的贵溪市，新余市的渝水区，抚州市的临川区、崇仁县、南昌市的进贤县、南昌县，宜春市的丰城市、樟树市、袁州区、上高县、万载县，萍乡市的莲花县、上栗县、湘东区。

据表 3-6 可知，2020 年江西油菜种植面积和油菜籽产量最高的设区市依次为赣中、赣北地区的九江、吉安、上饶、宜春、南昌等。5 个设区市油菜种植面积和油菜籽总产量合计为 40.15 万公顷和 57.06 万吨，分别占全省的 84.45% 和 84.15%；九江是全省油菜种植面积最大和油菜籽总产量最高的地区，种植面积占全省的 19.44%，油菜籽总产量占全省的 24.35%；鹰潭是全省油菜种植面积最小和油菜籽总产量最低的地区，其面积和总产量分别仅占全省的 0.82% 和 0.80%。九江是油菜籽单位面积产量最高的地区，油菜籽单位面积产量为 1.79 吨/公顷，是全省单位面积产量水平的 1.25 倍。

表 3-6　2020 年江西各设区市油菜种植面积、油菜籽总产量和油菜籽单位面积产量

设区市	油菜种植面积（万公顷）	油菜种植面积占比（%）	油菜籽总产量（万吨）	油菜籽总产量占比（%）	油菜籽单位面积产量（吨/公顷）
南昌	4.95	10.41	5.81	8.57	1.17
景德镇	2.08	4.38	2.63	3.88	1.26
萍乡	2.4	5.05	3.91	5.77	1.63
九江	9.24	19.44	16.51	24.35	1.79
新余	0.67	1.41	0.99	1.46	1.48
鹰潭	0.39	0.82	0.54	0.80	1.38
赣州	0.62	1.30	0.74	1.09	1.19
吉安	9.13	19.20	10.15	14.97	1.11
宜春	7.91	16.64	10.39	15.32	1.31
抚州	1.23	2.59	1.93	2.85	1.57
上饶	8.92	18.76	14.20	20.94	1.59

数据来源：2021 年的《江西统计年鉴》。

三、展望

江西是长江流域优质油菜带开发规划地区之一，农民有传统的油菜

种植历史和习惯，油菜一直是江西重要的油料作物。尽管江西是受到不良气候、病虫害等自然灾害影响明显的主要省份之一，但在国家粮油安全战略、油菜籽收购价逐年攀升和中央、地方促进油菜种植有关政策的支持下，江西油菜产业必将快速发展，种植面积将稳中有升，其中旱地油菜种植面积增长较快，且随着科技创新能力不断增强，油菜籽单位面积产量水平和品质也将获得提升，江西油菜产业将呈现"量质双升"特征。此外，我国植物油供应对外依存度超过70%，加之当前国际形势复杂多变，我国食用油供给安全形势愈发严峻，大力发展江西油菜产业能有效保障国内油脂油料市场供应，有效改变国内油菜籽供需形势总体偏紧的格局。

第四章

江西油菜投入产出特征及比较

江西是长江中下游冬油菜主产区之一。统计数据显示，2020年，江西油菜种植面积为 47.543 万公顷、居全国第四，油菜籽总产量 67.81 万吨、居全国第六，是江西种植面积第二大农作物和最大油料作物。油菜生产已经成为江西重要的农业产业和农民增收的主要来源，在农业经济发展中具有不可替代的重要地位。2021 年 12 月 27 日，全国农业农村厅局长会议上指出，要攻坚克难扩种大豆油料。把扩大大豆油料生产作为 2022 年必须完成的重大政治任务，抓好油菜、花生、芝麻等油料作物生产，多油并举、多措并施扩面积、提产量。因此，研究如何提升江西油菜种植收益，厘清油菜生产的成本收益及投入产出构成，对于进一步推进保障国家粮油安全、优化农产品产业布局和增加农民收入有重要参考价值。

第一节　相关研究文献评述

目前，围绕油菜生产投入及产出，国内已经开展了广泛的研究，主要集中在以下两个方面。

一是对油菜成本收益变化的研究。邓琨（2012）对我国两种油料作物（油菜籽和花生）成本收益变动情况进行分析发现，我国的油料作物种植净收益稳中有升，且种子费和化肥费高达总物质与服务费用的

60％以上。李素萍（2012）对湖南省与湖北省油菜生产的成本收益进行分析，发现湖南省油菜的单位面积产量和效益与湖北省相比还有一定的差距。浦惠明等（2015）对油菜不同种植方式成本及效益比较分析发现，直播种植机械收获可以有效降低成本。余蕾（2015）通过劳动生产率、每亩*净利润和成本利润率指标研究发现安徽省油菜生产经济效益波动大，收益不稳定。张静（2018）通过对比分析湖北省油菜和小麦成本效益，发现 2004—2015 年湖北省油菜籽/小麦的比较收益呈现先增大后缩小的趋势。

二是对油菜成本收益变动影响因素的研究。杨雯（2009）通过对湖北省不同地区农户种植油菜行为影响因素的分析发现经济效益是影响农户种植行为的主要因素，而资源条件、农艺关系和国家政策都不同程度对经济效益产生影响。朱永慧（2011）发现化肥和农药使用量、成灾率、油麦相对收益、油菜籽价格波动率显著影响农户对油菜的种植意愿。余蕾（2015）认为油菜单位面积产量、油菜籽出售价格是影响油菜总产值的主要因素，其中，劳动力成本、土地成本以及种子费、肥料费、农药费和机械费等成本是影响油菜生产净收益提高的主要因素。闵锐（2016）研究发现，近年来由于较高的生产成本、国家取消油菜籽托市收购政策，油菜种植茬口矛盾突出等因素显著影响了农户油菜种植积极性。张静（2018）研究发现，油菜的人工成本、土地成本变化对单位成本效益变化影响较大。

已有研究成果不仅为本书研究奠定了很好的基础，更为深入研究油菜籽种植的比较效益指明了方向。但现有研究中关于某个具体省份的油菜生产成本和收益的研究比较少，对不同种植规模的油菜种植成本收益研究得也不多，这为后续研究留下了空间。

因此，基于 2012—2021 年的《全国农产品成本收益资料汇编》数据，笔者首先从成本收益及成本构成角度分别分析了江西油菜产业投入

---

* 亩为非法定计量单位，1 亩≈667 米^2。——编者注

产出现状及变化趋势；在此基础之上，选取江西不同油菜种植规模农户开展典型案例分析，指出影响油菜种植户种植积极性的因素；之后，从全国层面对比油菜主产区的成本收益情况；依据研究结论，提出提高江西油菜成本收益的建设性意见。

第二节　江西油菜种植成本收益变动特征分析

一、成本构成及其变动分析

油菜种植总成本由生产成本和土地成本构成。生产成本是指在油菜籽的生产过程中投入的物质与服务费用、人工成本两部分，是构成油菜籽价格的物质基础。其中，前者由于结算方式不同包含直接费用和间接费用，后者由于生产用工方式不同包含家庭用工折价和雇工费用。

（一）总成本

如图 4-1 所示，江西油菜籽总成本总体呈上升态势。2018 年，单位面积总成本达到顶点，每亩油菜籽的生产成本高达 823.84 元，而最

图 4-1　2011—2020 年江西油菜籽单位面积和单位产品总成本变化

数据来源：2012—2021 年的《全国农产品成本收益资料汇编》。

高单位产品生产成本同样出现在 2018 年，每 50 千克油菜籽生产成本高达 349.02 元。总体来看，单位面积总成本和单位产品总成本变动趋势基本一致。

1. 单位面积总成本

如表 4-1 所示，2011—2020 年，油菜单位面积总成本由 479.86 元/亩增加到 808.2 元/亩，每亩成本增加 328.34 元，年均增长率为 5.96%；期间 2019 年开始出现微弱下降，其他年份均呈现增长趋势。生产成本占总成本比例均值在 90% 左右，其中人工成本占比在 60% 左右，是总成本构成的主要部分；相比之下，土地成本占比较低，均值在 10% 左右。因此，生产成本尤其是人工成本增长是总成本变化的主要原因。

表 4-1　2011—2020 年江西油菜单位面积总成本构成及变化

年份	单位面积总成本（元/亩）	生产成本				土地成本			
		物质与服务费用		人工成本		流转地租金		自营地折租	
		成本（元）	占比（%）	成本（元）	占比（%）	成本（元）	占比（%）	成本（元）	占比（%）
2011 年	479.86	178.72	37.24	259.47	54.07	3.96	0.83	37.71	7.86
2012 年	576.36	162.52	28.20	368.05	63.86	3.78	0.66	42.01	7.29
2013 年	658.46	174.58	26.51	421.11	63.95	5.28	0.80	57.49	8.73
2014 年	701.31	184.19	26.26	452.20	64.48	5.17	0.74	59.75	8.52
2015 年	710.67	191.89	27.00	451.11	63.48	5.04	0.71	62.63	8.81
2016 年	733.19	197.48	26.93	463.10	63.16	5.11	0.70	67.50	9.21
2017 年	761.81	218.59	28.69	473.01	62.09	4.92	0.65	65.29	8.57
2018 年	823.84	228.12	27.69	505.12	61.31	9.10	1.10	81.50	9.89
2019 年	802.21	241.61	30.12	464.81	57.94	9.67	1.21	86.12	10.74
2020 年	808.2	264.27	32.70	449.57	55.63	9.46	1.17	84.90	10.50

数据来源：2012—2021 年的《全国农产品成本收益资料汇编》。

2. 单位产品总成本

如图 4-2 所示，2011—2020 年，油菜单位产品种植总成本由每亩 195.99 元增加到 319.93 元，成本增加 123.94 元，年均增长率为 5.6％；2011—2016 年呈现连续增长趋势，2017 年、2019—2020 年出现连续微弱下降。生产成本占总成本比例均值在 90％左右，是总成本构成的主要部分。

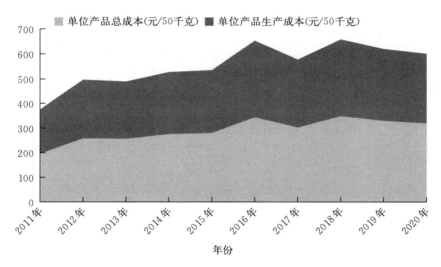

图 4-2　2011—2020 年江西油菜单位产品总成本和生产成本变化

数据来源：2012—2021 年的《全国农产品成本收益资料汇编》。

（二）生产成本

如表 4-1、图 4-3 所示，物质与服务费用和人工成本增长明显。其中，单位面积物质与服务费用从 2011 年 178.72 元/亩增长到 2020 年 264.27 元/亩，增加 85.55 元，年均增长率为 4.44％。除 2012 年略微下降外，其余年份均保持增长趋势。物质与服务费用占生产成本 32％左右，且呈逐年上升趋势。其原因是近年来各类生产资料的价格上升，再加上油菜种植技术和管理水平不高，造成部分农资未能达到"物尽其用"的效果。单位面积人工成本从 2011 年的 259.47 元/亩增长到 449.57 元/亩，增加 190.1 元，年均增长率 6.3％，2011—2018 年均呈增长态势，2019—2020年接连呈现下降趋势；人工成本占生产成本的68%左右，且逐年下降。这是因为近年来随着江西大力推进油菜一体机示范应用，以实现油菜生产全程机械化，逐渐压缩了人工成本的份额。

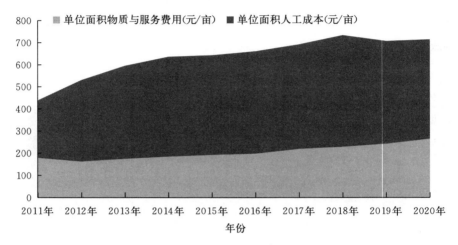

图4-3　2011—2020年江西油菜单位面积物质与服务费用和人工成本变化

数据来源：2012—2021年的《全国农产品成本收益资料汇编》。

总体来看，油菜种植的人工成本在生产成本中仍占较高比重，这与我国农产品生产成本占比情况类似。造成这种现象的原因在于：随着外出务工的青壮年增多，农村空心化、老龄化现象加剧，农村适龄劳动力减少，加之市场经济下，我国劳动力工资不断上升，也使得种植大户必须提高劳动力费用才能雇用到劳动力。

（三）土地成本

如图4-4所示，单位面积土地成本由2011年的41.67元/亩上涨至2020年的94.36元/亩，增加了52.69元，年均增长9.51%，呈现N形波动趋势。其中，自营地成本占土地成本的90%左右，流转地成本占土地成本的10%左右。如图4-5所示，土地成本增长的幅度是最大的，土地成本增幅高于生产成本和总成本的年均增长幅度。

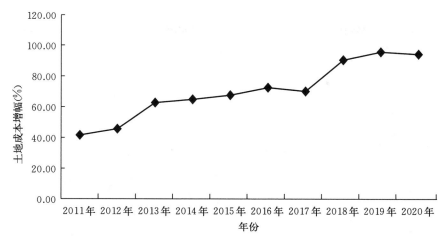

图 4-4　2011—2020 年江西油菜单位面积土地成本变化

数据来源：2012—2021 年的《全国农产品成本收益资料汇编》。

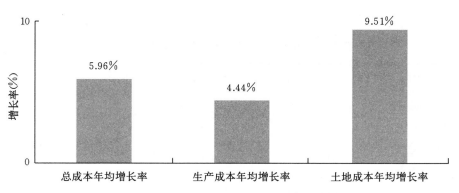

图 4-5　2011—2020 年江西油菜种植各成本年均增长率对比

数据来源：2012—2021 年的《全国农产品成本收益资料汇编》。

二、种植收益变动分析

（一）净利润变动分析

由表 4-2、图 4-6 可知，2011—2020 年单位面积、单位产品净利润变动趋势基本保持一致，呈现 V 形的变动特征，2011—2016 年降幅明显，2016—2020 年降幅逐步放缓。2011—2020 年，单位面积净利润

从 101.68 元/亩降至－100.42 元/亩，减少 202.1 元，年均变化率为
－199.86％；单位产品净利润从 41.53 元/亩下降到－39.75 元/亩，减
少 81.28 元，年均变化率为－199.51％，两者降幅基本保持一致。

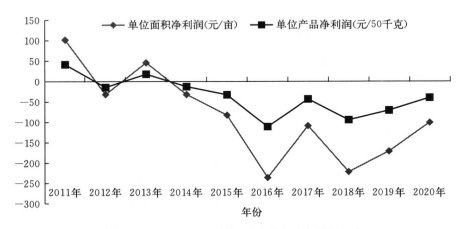

图 4－6　2011—2020 年江西油菜种植净利润变动

表 4－2　2011—2020 年江西油菜种植净利润变动

项目	2011 年	2012 年	2013 年	2014 年	2015 年	2016 年	2017 年	2018 年	2019 年	2020 年
单位面积净利润（元/亩）	101.68	－31.97	45.98	－31.89	－82.19	－235.55	－108.51	－221.26	－171.07	－100.42
单位产品净利润（元/50 千克）	41.53	－14.37	17.97	－12.59	－32.53	－110.55	－43.17	－93.74	－70.47	－39.75

数据来源：2012—2021 年的《全国农产品成本收益资料汇编》。

　　单位面积净利润是单位面积总产值与单位面积总成本的差值，两曲
线之间的面积差值变化表示净利润的波动特征。如图 4－7 所示，单位面积
总产值呈现上升趋势，2011—2020 年从 581.54 元/亩增加到 707.78 元/亩，
年均增长率为 2.21％，平均值为 622.07 元/亩，同期单位面积总成本
均值为 705.59 元/亩，总成本均值比总产值均值高 83.52 元/亩。通过
趋势图对比发现，仅有 2011 年、2013 年的单位面积总产值高于单位面
积总成本，其余年份单位面积净利润均为负值。由此可见，近年来，江

西油菜种植收益偏低的原因是单位面积总成本增速过快和产值不稳定。

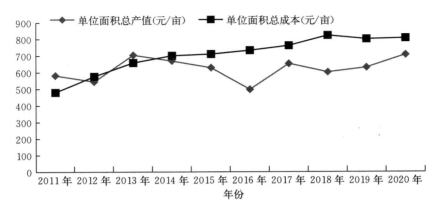

图 4-7 2011—2020 年江西油菜种植单位面积总产值和总成本变动

数据来源：2012—2021 年的《全国农产品成本收益资料汇编》。

（二）成本利润率变动分析

由图 4-8 可知，单位面积成本利润率总体呈现波动下降的趋势。2011—2020 年单位面积成本利润率从每亩 21.19% 降到 2020 年的每亩 -12.42%，单位面积平均成本利润率为每亩 -10.05%；分阶段看，2011—2016 年单位面积成本利润率下降幅度最为显著，2016 年出现最

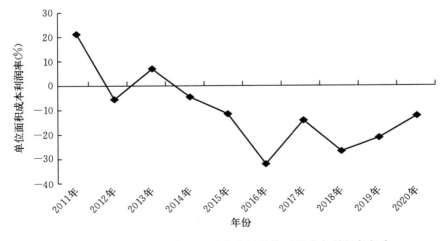

图 4-8 2011—2020 年江西油菜种植单位面积成本利润率变动

数据来源：2012—2021 年的《全国农产品成本收益资料汇编》。

低值每亩－32.13％，年均增长率为每亩－194.24％。之后，2018—2020 年逐渐回升，增长幅度较为明显，但成本利润率值仍为负值。

第三节　江西油菜生产成本收益对比分析
——基于不同种植规模户典型调查数据

为了有效应对全球粮食危机、金融危机等多重挑战，我国提出始终将保障重要农产品有效供给作为"三农"工作的头等大事和发展现代农业的首要任务。习近平总书记多次强调，中国人的饭碗任何时候都要牢牢端在自己手上。《"十四五"推进农业农村现代化规划》中也明确将保障粮食等重要农产品有效供给作为推进农业农村现代化的首要任务。因此，盯紧"米袋子""油瓶子""菜篮子"，统筹推进粮食和重要农产品生产发展，努力在多目标平衡中守住粮食安全底线，推动种植业高质量发展，是稳经济、稳全局的压舱石。江西全省各地均以保障粮食安全和农产品有效供给为首要任务，在充分发挥粮食主产区责任的基础上，深入挖掘油菜种植潜力，积极推广稻—稻—油等油菜生产模式，不断扩大油菜种植面积，努力为保障国家"油瓶子"安全作出江西贡献。

一、不同种植规模下油菜籽种植成本收益比较

江西油菜种植区域主要集中在赣北、赣中地区，其中：九江、上饶、宜春、吉安和南昌等地市油菜籽种植面积与总产量总和超过全省85％以上，其中九江市约占全省油菜种植面积的20％；且随着中央下达的提高大豆油料生产的重要指示精神落实和产油大县奖励资金下发，传统油菜主产区的农户种植积极性将进一步提高。因此，选取江西省九江市 3 个县 12 个油菜种植户样本进行分析比较，选取样本特征为大规模种植（瑞昌市）、适度规模种植（湖口县）和小散户种植（鄱阳县）三类。

从表 4-3 中我们可以发现，三大类型的油菜籽种植成本差距不大，

种植成本最高的是鄱阳县小散户种植，其种植成本为 582.28 元/亩，最低的是湖口县适度规模种植，其种植成本为 395.25 元/亩。但三大类型的油菜籽种植收益存在较大差距，净产值最高的是鄱阳县小散户种植 658.51 元/亩，其次是适度规模种植的湖口县，净产值为 505 元/亩。这就导致三大类型的油菜籽种植成本收益率存在较大差距，表现为：大规模种植户的瑞昌市每亩成本纯收益率为 24.5%，适度规模种植的湖口县每亩成本纯收益率为 84.5%，小散户种植的鄱阳县每亩成本纯收益率为 53.06%。总体来看，适度规模种植的油菜籽种植成本收益率最高，其次是小散户种植，而大规模种植的成本收益率最低。

表 4-3　2021 年江西油菜主产区不同种植规模油菜种植成本收益对照

项目	瑞昌市	湖口县	鄱阳县
调查户数（个）	4	4	4
调查面积（亩）	2 200	175.5	8.9
主产品产量（千克/亩）	97.5	130	88.5
副产品产量（千克/亩）	146.25	178.75	133.75
产值合计（元/亩）	647.75	729.25	891.26
主产品产值（元/亩）	624	711.75	860.01
副产品产值（元/亩）	23.75	17.5	31.25
总成本（元/亩）	520	395.25	582.28
生产成本（元/亩）	414	315.25	582.28
物质与服务费用（元/亩）	386.2	224.25	232.75
人工成本（元/亩）	27.8	91	349.53
家庭用工折价（元/亩）	2.8	66	349.53
家庭用工数量（个/亩）	0.07	1.65	5.73
家庭用工日工价（元/亩）	40	40	61
雇工费用（元/亩）	25	25	0
雇工数量（个/亩）	0.25	0.25	0
雇工工价（元/亩）	100	100	152.5
土地成本（元/亩）	106	80	0
自营地折租（元/亩）	0	0	0
流转地租金（元/亩）	106	80	0

（续）

项目	瑞昌市	湖口县	鄱阳县
净产值（元/亩）	261.55	505	658.51
纯收益（元/亩）	127.75	334	308.98
每亩成本纯收益率（%）	24.57	84.5	53.06

细分来看，大规模种植油菜籽的物质与服务费用占总成本比例偏高，达到74%以上；小散户种植油菜籽的物质与服务费用占总成本比例相对较低，仅为40%；适度规模种植油菜籽的物质与服务费用占总成本比例适度，60%上下。大规模种植油菜籽的人工成本占总成本比例偏低，仅为5.35%；小散户种植油菜籽的人工成本占总成本比例偏高，高达60%以上；适度规模种植油菜籽的人工成本占总成本比例适度，23%左右。大规模和适度规模油菜籽种植的土地成本占总成本比例偏高，均超过20%；小散户种植油菜籽的土地成本基本为零。

从上面分析中可以看出，不同种植规模的油菜种植收益存在较大差距。小散户多为自家土地，不存在土地成本，且大多自己投工投劳，人工成本高，精细耕作下，土地产出较多，成本收益率较好；大规模种植户则多为流转的土地，需支付土地成本，以及投入大量农机开展农机耕收，物资费用投入较多，且受种植面积过大影响，多为粗放型经营管理，油菜籽产出量不高，导致大规模种植成本收益率偏低；而适度规模种植户则居于大户和小散户之间的位置，成本收益率最好。因此，适度规模种植是实现油菜种植户增收、油菜产业高质高效发展的有效途径。

二、不同种植规模下菜籽油种植成本收益比较

笔者团队对回收的调查问卷进行统计后发现，当前江西种植的油菜籽仍以自产自销为主。种植面积小且无加工能力的小农户，生产的油菜籽大多送到当地小型榨油坊榨油自用，少部分农户将油菜籽出售给经纪人或当地榨油厂，其商品化率为30%～50%；规模种植且有加工能力

的种植大户，生产的油菜籽多自行榨油，通过朋友间介绍出售菜籽油，部分农户则将菜籽油送往当地农贸市场、农产品批发市场或通过电商平台进行售卖，其商品化率为 95%～98%。因此，选取三类不同种植规模的农户对其菜籽油成本收益进行比较分析。

从表 4-4 中可以发现，三类种植规模下的菜籽油总成本存在一定差距。吉安市永新县种植面积 2 公顷的散户生产成本最高，达到 728 元/亩；吉安市永新县种植面积 26.67 公顷与宜春市袁州区种植面积 66.67 公顷的规模种植户生产成本相等，均为 535 元/亩，但两者的总成本存在差距，主因在于土地成本的高低，宜春市袁州区规模种植户的土地流转费用高于吉安市永新县规模种植户。而散户的总成本比规模种植户高，主因在于散户的投劳投时较多，规模种植户以机械化种植为主，管理相对粗放，人工投入相对较少。

表 4-4 2021 年江西油菜主产区不同种植规模菜籽油成本收益对照

项目	吉安市永新县	吉安市永新县	宜春市袁州区
种植规模（公顷）	26.67	2	66.67
总成本（元/亩）	697.5	870.5	755
生产成本（元/亩）	535	728	535
土地成本（元/亩）	100	75	150
加工成本（元/亩）	62.5	67.5	70
总收益（元/亩）	1 330	1 763	1 532
油菜籽产量（千克/亩）	125	135	125
出油率（%）	40	40	40
菜籽油售价（元/千克）	24	30	28
菜籽油收益（元/亩）	1 200	1 620	1 400
枯饼售价（元/千克）	2	2	2
枯饼收益（元/亩）	130	143	132
净收益（元/亩）	632.5	892.5	777
每亩成本收益率（%）	90.68	107.79	102.91

从菜籽油成本收益率来看,吉安市永新县散户最高,达到107.79%,其次是宜春市袁州区规模种植户,达到102.91%,最低的是吉安市永新县规模种植户,为90.68%(表4-4)。三者的差距在于,散户的油菜籽亩产和菜籽油出售价均高于规模种植户。总体来看,江西菜籽油成本收益率远远高于油菜籽成本收益率。

此外,笔者团队在深入开展油菜种植调查中发现,当前江西油菜种植品种多为优质高产高油系列,油菜籽每亩的产量超过100千克,出油率超过40%,菜籽油售价20~30元/千克,榨油时产生的菜籽枯饼也能产生收益,且50千克油菜籽可以产生25千克以上枯饼,菜籽枯饼售价在1.6~2.4元/千克,菜籽枯饼产生的收益完全可以冲抵榨油加工成本,且有盈余。相比直接销售油菜籽,榨油后出售的纯收益更高。因此,江西仅有部分油菜种植大户直接出售油菜籽,绝大部分农户都是榨油后出售。如宜春市奉新县某农户反馈,油菜籽收获后自己榨油卖,菜籽油售价24~34元/千克。吉安市永新县某农户反馈,油菜籽全部用来榨油,自家榨的油销量比较好,比市面上卖的油价格高,可以卖到30元/千克。赣州市信丰县某农户反馈,油菜籽都是榨油出售,售价36~40元/千克。

第四节　油菜生产成本收益的国内比较

我国地域辽阔,油菜种植以长江、黄淮流域为主,按农业区划和油菜生产特点,可分为冬油菜和春油菜两大产区。其中,冬油菜区集中分布在长江流域各省及云贵高原,四川盆地、长江中游、长江下游3个亚区是冬油菜的主产区,种植面积约占全国油菜总面积的90%,总产量约占全国总产量的90%以上。春油菜主要分布在青藏高原、蒙新内陆、东北平原3个亚区,种植面积、产量均只占全国油菜的10%左右。因此,分析不同区域油菜籽生产的成本收益状况,可进一步优化全国油菜种植区域,判断江西油菜在全国油菜主产区的地位及发展趋势,并可针对性地提出提升油菜效益的有效措施。

为深入比较油菜种植成本收益及其影响因素，根据研究方法的可操作性和样本数据的可获得性，选择 2011—2020 年的《全国农产品成本收益资料汇编》中各地区油菜籽成本收益的相关数据。以各地区油菜籽种植成本收益数据为样本，主要有两个方面原因：一是全国数据更具普遍性，能从整体上分析各地区油菜籽种植的成本收益情况，可精准识别出江西油菜籽成本收益与其他省份差异程度；二是全国数据统计更为科学、全面，可规避部分省份统计数据存在的不同程度缺失问题。

一、2011—2020 年全国油菜主产区成本收益比较

表 4-5 反映 2011—2020 年全国 15 个油菜主产省（自治区、直辖市）油菜籽生产的平均成本与收益状况。从油菜籽单位面积产量水平看，江苏的单位面积主产品产量最高，为 190.30 千克/亩，其次是四川和青海，分别为 159.05 千克/亩和 157.57 千克/亩，浙江、安徽、湖北、云南、陕西、甘肃、青海的单位面积主产品产量超过全国平均水平，江西的单位面积主产品产量偏低，仅为 118.66 千克/亩，相当于江苏的 62.35%，排在全国 15 个油菜主产区中的第十一位。各地区单位面积产值与单位面积主产品产量基本匹配，略有偏差，江苏的单位面积产值最高，达到 849.52 元/亩，与单位面积主产品产量最高相吻合，其次是四川和云南的单位面积产值分别为 841.47 元/亩、806.58 元/亩，浙江、安徽、云南、陕西、甘肃、青海均超过全国平均水平，湖北和重庆接近全国平均水平，江西单位面积产值为 622.07 元/亩，排在全国 15 个油菜主产区中的第十二位。

从油菜籽的生产成本来看，全国 15 个油菜主产省的生产成本差距比产值差距要大，单位面积产值最大值与最小值之比为 2.8∶1，而单位面积生产成本最大值与最小值之比达 3.19∶1。单位面积生产成本最高的省份是陕西，其每亩的生产成本高达 1 187.78 元，其次是云南和四川，分别为 988.67 元和 947.19 元，重庆、甘肃、江苏、贵州、青海

的生产成本均超过全国平均水平，内蒙古的生产成本最低，为372.02元，相当于陕西的31.32%。

从油菜籽的生产收益来看，2011—2020年仅浙江净利润平均值为正值，其他地区的净利润均为负值，且2011—2020年江苏、安徽、重庆、贵州、云南、陕西、甘肃7省份净利润持续保持在负值；江西2014—2020年净利润持续保持在负值。在2011—2020年间，2011年浙江省单位面积净利润在全国15个油菜主产区中达到最高，为175.15元/亩，其次是湖南、湖北和江西，分别为128.35元/亩、107.81元/亩和101.68元/亩，2011年之后，浙江省单位净利润持续走低，直到2016年、2017年下降幅度有所放缓，但仍处于负值。

综合来看，低产值高成本是导致净利润较低甚至为负的主要原因，而高成本的来源却有所不同。江苏单位产值在全国15个油菜主产区中排第一位，单位生产成本排第六位，其中土地成本排第一位；浙江单位产值排第四位，单位生产成本排第十三位。类似江浙两省情况的省份居多，油菜生产呈现高投入低产出的特征。

表4-5　2011—2020年全国油菜主产区油菜籽每亩的生产成本收益对比

省份	主产品产量（千克）	排序	产值（元）	排序	总成本（元）	排序	生产成本（元）	排序	土地成本（元）	排序	净利润（元）	排序
内蒙古	59.81	15	302.98	15	470.32	15	372.02	15	98.30	10	−167.34	7
江苏	190.30	1	849.52	1	1 065.44	3	861.30	6	204.14	1	−215.86	10
浙江	140.39	9	784.87	4	784.00	10	610.87	13	173.13	2	0.88	1
安徽	152.70	5	723.70	8	791.12	9	637.45	10	153.67	5	−67.42	4
江西	118.66	11	622.07	12	705.59	13	634.95	11	70.64	15	−83.52	5
河南	115.66	14	579.65	14	620.60	14	465.71	14	154.89	4	−40.96	2
湖北	145.68	7	668.35	9	720.74	12	612.34	12	108.40	9	−52.40	3
湖南	116.61	12	626.19	11	776.02	11	688.60	9	87.42	12	−143.53	6
重庆	119.13	10	665.29	10	1 038.96	5	928.32	4	110.63	8	−373.67	14
四川	159.05	2	841.47	2	1 040.56	4	947.19	3	93.37	11	−199.09	9
贵州	116.47	13	612.63	13	922.06	8	840.19	7	81.87	13	−307.43	12

（续）

省份	主产品产量（千克）	排序	产值（元）	排序	总成本（元）	排序	生产成本（元）	排序	土地成本（元）	排序	净利润（元）	排序
云南	153.61	4	806.58	3	1 151.15	2	988.67	2	162.48	3	−344.57	13
陕西	149.29	6	784.04	5	1 266.76	1	1 187.78	1	78.97	14	−482.72	15
甘肃	145.64	8	780.70	6	1 025.54	6	890.64	5	134.91	6	−244.84	11
青海	157.57	3	776.68	7	959.90	7	835.62	8	124.28	7	−183.22	8

数据来源：2012—2021 年的《全国农产品成本收益资料汇编》。

单位产值是以货币形式表现的，是指油菜种植户在一定时期内生产的油菜籽和提供劳动活动的总价值量，表明油菜种植户生产总规模和总水平，反映的是生产总成果，受单位产量和收购价影响。然而，江西油菜籽生产单位产值不高的主因在于：一是油菜籽单位面积产量水平低、油菜籽收购价低；二是多数小散户油菜籽种植后不对外出售，未形成商品，这部分种植户的成本收益未能有效地统计进去；三是相比于油菜籽收购价而言，榨油后的菜籽油售价更有吸引力，多数种植户榨油后自用或出售，而菜籽油成本收益数据暂未进入《全国农产品成本收益资料汇编》统计范围。因此，要提升江西油菜籽单位产值，可从技术角度提升劳动效率和劳动产出实现单位面积产量增加，也要从价格角度保障农户收益，鼓励农户将油菜籽直接出售给本省油料加工企业，提升地方菜籽油市场竞争力。

二、2020 年全国油菜主产区生产成本结构比较

从表 4-6 中可以发现，每亩的物质与服务费用和人工成本在各地区之间差异很大。从物质与服务费用来看，甘肃油菜籽生产的物质与服务费用最高，达到 315.57 元/亩；其次是陕西和云南，分别为 302.49 元/亩和 286.1 元/亩；云南和贵州居全国平均水平，分别为 247.67 元/亩和 244.78 元/亩；物质与服务费用投入居末 3 位的省份是江苏、内蒙古和重庆，重庆平均每亩的物质与服务费用投入最低，仅为

117.47元，相当于甘肃的37.22%，占全国平均水平的46.11%；江西平均每亩的物质与服务费用位居全国15个油菜主产区中的第八位，在长江中下游地区（湖北、湖南、江西、安徽、江苏、浙江）位居第五位。从物质与服务费用的内部平均构成来看，2020年肥料费用（包括化肥费和农家肥费）投入所占比例最大，为42.15%，其次是租赁作业费（包括机械作业费、排灌费和畜力费），为34.46%，种子费用为8.76%，农药费为7.53%，其他物质与服务费用所占比例为7.1%。各油菜籽主产省中，从肥料投入绝对值来看，云南平均每亩的肥料投入费用最多，达122.59元，其次是安徽和江苏，这3个高肥料投入地区的单位面积主产品产量均在146千克/亩以上，且高于全国平均值；从肥料投入占平均每亩物质与服务费用比来看，江苏占比最高，达到56.63%，且江苏单位面积主产品产量居全国主产区之首，达到244.66千克/亩，说明肥料投入与单位面积产量存在一定的正相关关系。重庆和内蒙古居末位，其平均每亩肥料投入费用分别为65.84元和43.05元，相应的单位面积主产品产量也低于全国平均水平，特别是内蒙古，其单位面积主产品产量最低，仅相当于全国平均水平和江苏的45.46%和29.63%。但值得注意的是，江西作为油菜主产区，每亩肥料投入在平均物质与服务费用中占比达到43.27%，在全国15个油菜主产区中排第七位；肥料投入达到114.34元/亩，超过全国平均水平，但从单位面积主产品产量来看，低于全国平均水平绝对值，在全国15个油菜主产区中排第十二位。因此，尽管增加肥料投入可在一定程度上提高单位面积产量，但肥料投入的增加与单位面积产量的提高不存在强正相关性，而如何在减肥减量绿色低碳条件下，更有效地提升单位面积产量值得关注。租赁作业费是仅次于肥料费用的第二大影响因素，2020年甘肃平均每亩的租赁作业费最高，为148.51元，其次是陕西和湖南，分别为123.37元和111.64元，内蒙古、江苏和重庆的租赁作业费排在最后3位，其值分别为60.06元、21.55元和14.61元，其中重庆仅相当于甘肃的9.84%；江西租赁作业费排在第九位，和物质与服务费用排序基本吻合。总体来看，西部地区农业生产条件较为恶劣，需要投入较多的机械、排灌和畜力费用，中部次之，东部最少。一般来说，单位面积种子费用投入越多，代表种子的质量越好，其相应的主产品产量也越高。2020年陕西平均每亩的种子费用投入最高，为46.22元，在物质与服务费用中占比15.28%，所占比例在全国15个油菜主产区中排第一位，平均每亩的主产品产量为158千克，比全国平均水平高出11.37千克；江苏每亩的种子费用投入在物质与服务费用中占比位居全国15个油菜主产区的第五位，而每亩的主产品产量最高，主因在于良技良法的应用；江西、湖南、贵州、内蒙古等省的种子费投入与单位产出相吻合，即低投入低产出。因此在油菜种植过程中必须注重良种、良法、良土、良技配套运用。农药投入的多少与气候条件、病虫害的影响密切相关，一般来讲病虫害的危害越大，需要的农药费用越高。2007年江苏平均每亩的农药投入费用最高，为12.62元，其次是浙江和云南，分别为11.78元和11.11元，农药投入最少的地区是重庆，仅为2.33元，相当于江苏的18.46%。

人工成本一直都是中国农作物生产成本的重要组成部分，也是油菜籽生产投入的重要组成部分，但随着农机科技创新的加快和农机具投入规模扩大，农业生产中的人力投入逐步减少。2020年我国油菜籽人工成本占生产成本的比例平均高达68.43%，各地区人工成本差异也很明显。2020年陕西每亩的人工成本最高，达到988.14元，家庭用工数达10.77个标准劳动日，其次是重庆和云南分别为853.53元和815.25元，其家庭用工数分别为9.51个标准劳动日和8.27个标准劳动日，人工成本最低的3个省份是河南、内蒙古和青海，分别为305.97元、158.73元和20.39元，尤其是青海人工成本仅相当于陕西的2.06%，其家庭用工数投入仅为0.06个标准劳动日；江西人工成本449.57元，家庭用工数5.01个标准劳动日，在全国15个油菜主产区中排第八位，在长江中下游地区排第二位，由此可见江西油菜种植投入的劳动力偏多。通过对人工成本的分析，可以得出如下结论：一是人工成本是油菜生产成本偏高的最主要因素，二是人工成本随着社会发展、农机替代人力的普及和农机补贴政策执行，家庭用工数量逐步减少，但人工单价居高不下，导致人工成本仍处在高位。因此，要提升江西油菜产业竞争力可考虑降人工、肥料成本，加大农机化、数字化、绿色化和低碳技术推广应用力度，以促进油菜产业可持续发展。

表 4 - 6 2020 年全国油菜主产区的生产成本结构差异

地区	物质与服务费用（元/亩）							排序	人工成本（元/亩）	排序
	种子费	化肥费	农家肥费	农药费	租赁作业费	其他	合计			
内蒙古	6.26	36.43	6.62	4.62	60.06	18.13	132.12	14	158.73	14
江苏	20.97	115.35	3.55	20.89	21.55	27.65	209.96	13	713.29	5
浙江	16.43	115.28	1.62	25.88	109.29	8.95	277.45	6	409.65	11
安徽	28.02	110.84	10.16	21.75	90.49	21.82	283.08	4	428.73	9
江西	22.9	101.41	12.93	29.99	82.08	14.96	264.27	8	449.57	8
河南	22.02	99.87	0	7.93	81.83	4.3	215.95	12	305.97	13
湖北	26.13	106.35	8.64	20.93	109.13	9.69	280.87	5	381.36	12
湖南	18.82	85.47	14.4	22.49	111.64	19.03	271.85	7	412.39	10
重庆	14.86	52.43	13.41	5.02	14.61	17.14	117.47	15	853.53	2
四川	24.29	106.34	11.36	12.67	94.12	14.85	263.63	9	777.51	4
贵州	16.28	102.6	8.6	6.71	73.85	36.74	244.78	11	712.83	6
云南	16.01	107.95	14.64	28.05	68.03	12.99	247.67	10	815.25	3
陕西	46.22	104.85	5.48	14.57	123.37	8	302.49	2	988.14	1
甘肃	15.54	112.61	0	11.56	148.51	27.35	315.57	1	639.84	7
青海	30.42	96.05	0	46.44	91.19	22	286.1	3	20.39	15

数据来源：2021 年的《全国农产品成本收益资料汇编》。

第五节 小 结

通过对 2011—2020 年江西油菜籽生产投入产出的横纵向比较，认为江西油菜生产具有一定优势，但受制于单位面积产量水平和油菜籽收

购价水平均不高的影响，江西油菜籽成本收益率不高，而随着大范围推
广应用高油性油菜品种，以及榨油工艺的改进，油菜籽出油率有所提
升，当地菜籽油出售价格普遍高于全国其他省份，菜籽油成本收益率明
显高于油菜籽成本收益率。因此，未来江西油菜产业发展，按照全产业
链发展思路，除注重提升油菜籽单位面积产量水平外，还应以油料加工
型龙头企业为依托，延长食用油产业链条，大力发展菜籽油加工业，由
市场调动生产发展，推动江西油菜产业高质量发展。

第五章

江西油料作物生产现状、布局及时空演变分析

第一节　江西油料作物生产现状分析

一、油料作物生产现状分析

　　长江流域既是我国油菜的主产区，也是世界上最大的油菜生产带，油菜籽总产量占世界油菜籽总产量的25％。江西地处长江中下游冬油菜主产区，油菜种植面积约占全省油料种植面积的70％，总产量约占全省油料的55％，已成为江西种植面积第二大农作物和最大的油料作物。据江西统计局数据整理得出表5-1，2020年江西油料作物种植面积67.843万公顷，单位面积产量为1 808.59千克/公顷，总产量为122.7万吨。其中油菜籽种植面积为47.543万公顷，占油料作物种植面积的70.08％，总产量为67.81万吨，占油料作物总产量的55.26％，单位面积产量为1 426.26千克/公顷；花生种植面积为17.145万公顷，占油料作物种植面积的25.27％，总产量为50.9万吨，占油料作物总产量的41.48％，单位面积产量为2 968.82千克/公顷。因此，为准确地分析江西油料作物产业发展情况，应从油菜籽、花生等角度入手。

表 5 – 1　2020 年江西油料作物种植面积、单位面积产量、总产量统计

项目	种植面积 （万公顷）	单位面积产量 （千克/公顷）	总产量 （万吨）	种植面积占比 （％）	总产量占比 （％）
油料合计	67.843	1 808.59	122.7	—	—
花生	17.145	2 968.82	50.9	25.27	41.48
油菜籽	47.543	1 426.26	67.81	70.08	55.26
芝麻	3.126	1 244.33	3.89	4.61	3.17

数据来源：2021 年的《江西统计年鉴》。

二、油菜产业发展现状

油菜是我国第一大油料作物。近年来，受油菜籽临储政策取消的影响，油菜籽种植面积出现一段时期的持续下降，2018 年我国油菜籽种植面积下降至 655.061 万公顷，2020 年恢复至 676.472 万公顷。从全球油菜籽生产来看，我国是世界第二大油菜籽生产国。虽然如此，由于中国人口众多，对菜籽油的需求总量呈现上升趋势，国内油菜籽基本处于自产自销状态，出口量极少，进口量较大，使得我国成为世界上最主要的油菜籽进口国家之一。特别是近年来，我国油菜籽产量趋稳，但菜籽油需求规模却逐渐扩大，导致我国油菜籽供需矛盾日益突出，为弥补我国油菜籽产量连续下滑造成的供给缺口，我国油菜籽进口依赖程度逐年加剧。据海关数据统计，2020 年我国油菜籽进口量达到 311.43 万吨，占年度供给总量的 20％ 左右。总体来看，我国油菜籽供给趋紧，对外依存度较高。

江西地处全国冬油菜长江流域主产区，油菜是当地的主要农作物和最大的油料作物，在农业经济发展中占有重要地位。近年来，江西油菜发展情况与全国类似，主要表现如下。

（一）种植面积、总产量均呈现阶段性特征，单位面积产量稳步增长

据国家统计局数据，1978—2020 年江西油菜籽种植面积、油菜籽总产量呈现先升后降再小幅上涨到稳中趋升态势。2016—2020 年，江

西油菜籽种植面积基本保持在 50 万公顷左右，全国排名第四；油菜籽总产量基本保持在 70 万吨左右，全国排名第六；油菜籽单位面积产量基本处于增长态势，年平均单位面积产量维持在 1 400 千克/公顷左右，远低于全国近 5 年平均单位面积产量的 2 030 千克/公顷，全国排名第二十七位，提升空间巨大。江西油菜在种植面积减少的情况下，产量却有所上升，主要原因在于近年来江西油菜单位面积产量水平有所提高，2020 年油菜单位面积产量为 1 426.26 千克/公顷，较 2016 年的 1 320 千克/公顷提高了 76.73 千克/公顷。虽然如此，江西油菜生产水平在全国仍处于落后地位，尽管种植面积和产量在全国分别位列第四、第六，但单位面积产量却远远落后于全国平均水平，为全国平均单位面积产量水平的 70%。

（二）油菜种植收益与其他作物相比整体偏低

据江西农业农村厅农产品成本调查数据整理得出表 5-2，2013—2021 年（2020 年数据缺失），江西油菜成本收益整体呈现"单产持平、产值增加、成本上升、纯收益和成本纯收益率下降"走势。其中，2021 年江西油菜籽成本收益呈现"二升二降一持平"态势，即产值上升、成本上升、单位面积产量基本持平，纯收益和成本纯收益率大幅下滑。即产值上升 16.18%，成本上升 20.36%，纯收益和成本纯收益率下滑 5.72% 和 11.25%。

表 5-2　2013—2021 年江西油菜籽成本收益比较

指标	2013 年	2014 年	2015 年	2016 年	2017 年	2018 年	2019 年	2021 年
产量（千克/亩）	104.4	101.5	102.5	95.7	104.7	106.53	109.33	108.34
产值（元/亩）	583.5	603.1	599.9	558.7	618	616.78	613.8	713.1
成本（元/亩）	194.6	388.5	383.6	406.2	401.2	409.67	421.23	506.99
纯收益（元/亩）	388.9	214.6	216.3	152.5	216.8	231.55	218.61	206.11
成本纯收益率（%）	48.40	54.30	56.40	37.70	54.00	56.52	51.90	40.65

数据来源：全省农产品成本收益调查数据。

对比江西水稻、油菜、花生、棉花、柑橘等农作物收益显示，2018

年江西油菜籽单位面积纯收益较低，在七大类农作物中位列倒数第一（表5-3）。由于江西油菜种植管理粗放，加上茬口矛盾，油菜籽收益在200元/亩左右波动，油菜产业并未成为农民增收的增长点，特别是2015年后取消临储政策以来，价格上升空间有限，大多农户从事油菜种植多以自产自销自用为主。

表5-3　2010—2018年江西油菜籽单位面积纯收益（元/亩）与其他农作物比较

品种	2010年	2014年	2015年	2016年	2017年	2018年
油菜籽	56	215	216	153	217	232
棉花	1 514	85	18	159	237	294
早稻	279	491	482	418	458	362
中稻	561	768	716	681	693	561
晚稻	463	628	525	565	610	533
花生	597	731	829	847	871	894
柑橘	2 422	3 138	2 818	2 628	2 347	2 190

数据来源：江西农产品成本收益调查数据。

（三）油菜质量不断提高，呈现绿色化、优质化发展态势

近年来，江西各油菜主产区纷纷建立稻油轮作综合示范区，扩大稻油轮作面积，积极推广优质品种，同时采用绿色高效的生产模式、科学的施肥技术，以农业防治为基础，大力推广物理防治、生物防治、理化诱控等病虫害绿色防控技术措施，推动油菜产业绿色发展。油菜主副产品品质得到根本性改良，芥酸含量从原有的45%左右降低到1%以下，使主产品油脂的脂肪酸组成大大得到优化，其中有益人体健康的油酸含量提高了3倍，达61%左右，亚麻酸含量提高了40%，菜籽油成为最优植物油；其副产品饼粕的硫苷含量从150微摩尔/克降低到30微摩尔/克以下，饲用价值也得到有效提高。

三、花生产业发展现状

花生是世界上重要的大田经济作物之一。据统计，全世界有100多

个国家种植花生，据 USDA 数据，2020 年全球花生种植面积 2 526 万公顷，全球花生总产量为 4 778 万吨。中国是全球最大的花生生产国，2020 年中国花生产量为 1 799.27 万吨，其花生产量占全球花生总产量的 36.63％，远远高于全球第二大花生主产国印度 14.02％的产量占比。在花生出口贸易方面，2020 年全球花生出口总量为 427 万吨。印度、阿根廷、美国和中国是世界四大花生出口国，其中阿根廷花生出口量为 95 万吨，印度花生出口量为 85 万吨，美国花生出口量为 72.6 万吨，中国花生出口量为 60 万吨（占比 14.05％），位列全球第四。在花生消费方面，与产量结构相似，全球花生消费较为集中，中国是全球最大的花生消费国，国内花生消费量为 1 790 万吨，占全球消费量的 37.62％，远远高于第二大消费国印度（554 万吨，11.64％）。在花生利用方面，分食用和油用两种用途，大多数国家的花生是作为食品加工原料或被直接食用，我国花生以油用为主、兼直接食用和食品加工。

花生是我国四大油料作物之一，种植面积仅次于油菜，居第二位，以长江为界，分为南、北方花生产区。其中北方花生产区的面积和总产量约占全国的 65％和 70％左右。全国花生年种植面积超过 20 万公顷的省份有河南、山东、广东、辽宁、四川、河北、吉林、湖北、广西。据FAO 统计数据，2020 年我国花生种植面积 473.083 万公顷，仅次于印度，居世界第二位，占世界花生种植面积的 18.61％，但年均总产量居世界首位，占世界总产量的 40.51％，单位面积产量比世界平均水平高1 倍并已整体赶上美国的花生单位面积产量水平。1993 年以来，我国花生总产量一直稳定在世界第一位，是我国为数不多的具有国际竞争力的大宗农产品。就总产量而言，我国是世界最大的花生生产国。

江西作为全国油料主产区之一，其花生种植面积仅次于油菜，2020年花生面积占油料总面积的 25.27％，产量占油料总产量的 41.48％。花生是江西第二大油料作物，近年来发展趋势如下。

（一）花生种植面积稳中有升，单位面积产量有所提高

据图 5‐1 显示，2016—2020 年，江西花生种植面积与总产量呈逐年增加趋势。2016 年花生种植面积和总产量较其他年份都低，2016—2020 年花生种植面积和总产量连续增长，2020 年花生种植面积 17.145 万公顷，单位面积产量 2 969 千克/公顷，总产量 50.9 万吨。

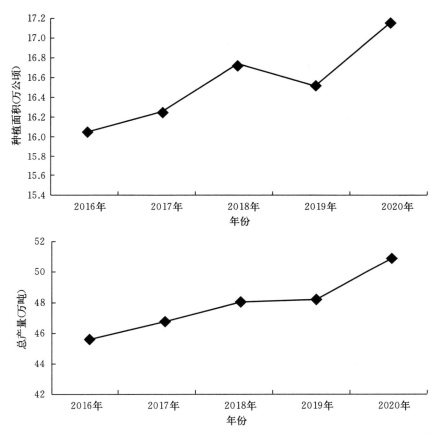

图 5-1　2016—2020 年江西花生种植面积与总产量变化趋势

数据来源：2017—2021 年的《江西统计年鉴》。

据表 5-4 显示，虽然花生种植面积和产量有所增长，但在全国的排名却不断下降，江西花生种植面积从 2008 年位居全国第七位至 2020 年下降至第十位，总产量由 2008 年位居全国的第八位下降至 2020 年的第十一位，单位面积产量由 2008 年位居全国的第十五位下降至 2020 年的第二十位。江西花生总量偏小，2020 年种植面积和总产量分别占全国的 3.62% 和 2.83%，单位面积产量较低，仅为全国平均单位面积产量 3 803.28 千克/公顷的 78.06%，江西花生产量提升空间较大。

表 5 - 4　2020 年全国花生主产区情况

各地区名称	种植面积（万公顷）	占比（%）	总产量（万吨）	占比（%）	单位面积产量（千克/公顷）
全国	473.083	100	1 799.27	100	3 803.28
河北	24.605	5.20	96.81	5.38	3 935
辽宁	30.622	6.47	98.74	5.49	3 225
吉林	23.918	5.06	78.3	4.35	3 274
安徽	14.582	3.08	72.33	4.02	4 960
江西	17.145	3.62	50.9	2.83	2 969
山东	65.086	13.76	286.64	15.93	4 404
河南	126.184	26.67	594.93	33.07	4 715
湖北	24.872	5.26	87.1	4.84	3 502
湖南	11.27	2.38	29.9	1.66	2 653
广东	34.757	7.35	112.05	6.23	3 224
广西	22.335	4.72	69.23	3.85	3 100
四川	28.342	5.99	73.78	4.10	2 603

数据来源：2021 年的《中国统计年鉴》。

（二）区域分布分化明显，地区差异较大

江西花生种植区域主要集中在赣中和赣南地区，主要分布在南昌、吉安、九江、上饶、赣州、抚州、宜春、新余以及鹰潭等地，其中宜春、赣州、吉安、上饶、南昌 5 个市花生种植面积占全省的 80%。据2021 年《江西统计年鉴》数据整理得出表 5 - 5，2020 年全省花生种植面积最大的是宜春，占全省面积的 24.67%，其次是赣州，占全省的 23.62%。

表 5 - 5　2020 年江西各地区花生生产情况

地区	种植面积（公顷）	排名	总产量（吨）	排名	单位面积产量（千克/公顷）	排名
江西	171 448	—	508 995	—	2 969	—
南昌	15 699	4	53 321	4	3 396	3
景德镇	2 860	10	10 187	10	3 562	1
萍乡	1 494	11	3 185	11	2 132	11
九江	8 027	7	17 987	7	2 241	10
新余	4 083	9	12 239	9	2 998	5
鹰潭	5 148	8	14 849	8	2 884	8
赣州	40 496	2	121 381	2	2 997	6
吉安	24 665	3	65 998	3	2 676	9
宜春	42 304	1	122 343	1	2 892	7
抚州	11 467	6	35 224	6	3 072	4
上饶	15 205	5	52 281	5	3 438	2

数据来源：2021 年的《江西统计年鉴》。

（三）机械化程度逐年提高，但覆盖率远不能满足产业发展需求

近年来，江西花生机械化播种和综合机械化水平都有所提高，但与全国相比还有一定差距。2019 年全国花生耕、种、收和综合机械化水平分别为 77.36%、52.91%、46.05%、60.63%，与 2016 年相比分别增长 4.75%、9.81%、12.14%、8.49%。2019 年江西花生耕、种、收和综合机械化水平分别为 82.58%、12.03%、10.71%、39.85%，与 2016 年相比分别增长 1.7%、5.69%、1.41%、2.81%，各项机械化水平增幅和数值仍远低于全国平均水平，且花生生产的信息化、智能化等方面几乎处于空白状态，机械化水平低制约了江西花生产业的快速发展。

（四）花生自给率不足，总体供求趋紧

表 5 - 6 显示，2014—2018 年，江西花生平均自给率为 86.54%，其中花生仁主要从外省调用，花生果实一般能满足自产自销，江西花生在全国市场竞争优势不明显。

表 5-6　2014—2018 年江西花生的供应量和需求量情况

年份	供应量（万吨）	需求量（万吨）
2014 年	45.6	50
2015 年	46.4	52
2016 年	45.6	55
2017 年	46.8	55
2018 年	47.2	56

数据来源：国家花生产业技术体系赣州花生综合试验站。

（五）加工业有所发展，但加工规模小、技术水平低、附加值偏低

江西花生除了榨油和食用外，多数作为原料销往沿海地区及周边省份。虽有一些加工企业如江西友家食品有限公司生产"月亮巴"和大余县牡丹亭旅游食品有限公司生产"多味花生"等加工产品，但是产品附加值不高，产品比较单一。

第二节　江西油料作物生产布局及时空演变分析

据江西统计局数据，2020 年江西农作物总种植面积 56.443 7 万公顷，油料作物种植面积为 67.843 万公顷，其中，油菜种植面积为 47.543 万公顷，占江西农作物总种植面积的 8.42%，占油料作物种植面积的 70.08%，油菜是江西种植面积最大的油料作物。

一、江西油菜生产规模优势比较分析

为了弄清江西各地区油菜种植面积的现状差异，在此引入规模优势指数 SAI_{ij}，具体分析各地区的规模优势状况，参考耿献辉等（2014）的计算方法，其计算见公式 5-1。

$$SAI_{ij} = (GS_{ij}/GS_i) / (GS_j/GS) \qquad (5-1)$$

SAI_{ij} 表示规模优势指数，GS_{ij} 表示 i 地区 j 种作物的总种植面积，GS_i 表示 i 地区所有农作物的种植面积，GS_j 表示全省 j 种作物的种植

面积，GS 表示全省所有农作物的总种植面积。$SAI_{ij} > 1$，表明 i 地区 j 种作物生产具有规模比较优势，即在种植面积上具有一定的规模，其值越大，优势越强；$SAI_{ij} < 1$，表示该作物生产不具有规模优势。

据表 5-7 显示，2020 年江西油菜种植面积最大的前 5 个地区依次是九江、吉安、上饶、宜春、南昌，5 个地区油菜种植面积达到 40.16 万公顷，占全省当年油菜播种的 84.45%。

表 5-7　2020 年江西各地区油菜种植面积占全省总种植面积比

各地区名称	油菜籽种植面积（公顷）	种植面积占比（%）
江西	475 427	—
九江	92 393	19.43
吉安	91 335	19.21
上饶	89 189	18.76
宜春	79 063	16.63
南昌	49 535	10.42
萍乡	23 989	5.05
景德镇	20 799	4.37
抚州	12 331	2.59
新余	6 674	1.40
赣州	6 197	1.30
鹰潭	3 923	0.83

数据来源：2021 年的《江西统计年鉴》。

通过图 5-2 可知，2020 年江西油菜规模优势指数 SAI_{ij} 大于 1，具有规模比较优势的市只有 3 个，分别为萍乡、景德镇、上饶；根据各地区的油菜规模优势差异可以看出，目前江西油菜种植区域主要集中在赣西和赣北、赣中地区，而赣南地区油菜种植较少。这一布局特征不仅与地形、气候等自然条件优劣状况有关，还与各地区种植习惯、社会经济发展状况有关。通过改善生产条件和加大宣传力度，赣中（鹰潭、抚州）、赣南等油菜种植劣势地区具有较大的发展潜力。

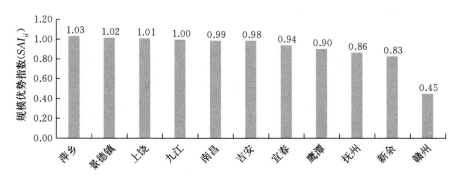

图 5-2　2020 年江西各地区油菜生产规模优势指数

二、江西油菜生产效率优势比较分析

江西各地区油菜生产水平现状相差较大，首先表现在各地区油菜籽产量方面，可以看出九江、上饶、宜春、吉安、南昌油菜籽产量较大，以 2020 年为例，据表 5-8 显示，5 个地区油菜籽总产量占全省油菜籽总产量的 84.15％。其中：九江油菜种植面积占全省的 19.43％，油菜籽产量却占全省的 24.34％；上饶油菜种植面积占全省的 18.76％，油菜籽产量占全省的 20.93％；萍乡油菜种植面积占全省的 5.05％，油菜籽产量占全省的 5.77％。

表 5-8　2020 年江西各地区油菜籽产量和在全省占比

地区	油菜籽产量（吨）	在全省占比（％）
江西	678 085	—
九江	165 084	24.34
上饶	142 023	20.93
宜春	103 882	15.32
吉安	101 495	14.97
南昌	58 102	8.57
萍乡	39 101	5.77
景德镇	26 346	3.89
抚州	19 324	2.85

（续）

地区	油菜籽产量（吨）	在全省占比（%）
新余	9 891	1.46
赣州	7 433	1.10
鹰潭	5 404	0.80

数据来源：2021 年的《江西统计年鉴》。

由此可见，九江、上饶、萍乡等地区油菜单位面积产量优势突出。为进一步验证上述观点，计算 2020 年江西各地市油菜籽单位面积产量，整理得出表 5－9。

表 5－9　2020 年江西各地区油菜籽单位面积产量

地区	油菜籽（千克/公顷）	单位面积产量排名
江西	1 426	—
九江	1 787	1
萍乡	1 630	2
上饶	1 592	3
抚州	1 567	4
新余	1 482	5
鹰潭	1 378	6
宜春	1 314	7
景德镇	1 267	8
赣州	1 200	9
南昌	1 173	10
吉安	1 111	11

数据来源：2021 年的《江西统计年鉴》。

为展现江西各地区油菜种植效率，本书引入效率优势指数，其计算模式见公式 5－2。

$$EAI_{ij} = (AP_{ij}/AP_i) / (AP_j/AP) \qquad (5-2)$$

EAI_{ij} 表示效率优势指数，AP_{ij} 表示 i 地区 j 种作物单位面积产量，AP_i 表示 i 地区所有油料作物单位面积产量，AP_j 表示全省 j 种作物单位面积产量，AP 表示全省所有油料作物单位面积产量。$EAI_{ij} > 1$，表示与全省平均水平相比，i 地区 j 种作物单位面积产量具有效率优势，EAI_{ij} 越大，效率优势越明显。

油菜生产效率优势指数主要体现某地区油菜单位面积产量与该地区所有作物单位面积产量及全省平均水平的关系。由图 5-3 可知，油菜生产效率优势指数大于 1 的地区有 8 个，依次是萍乡、宜春、南昌、上饶、新余、景德镇、九江、鹰潭，8 个地区单位面积产量均超过了全省平均水平。油菜种植面积排名靠后的萍乡、新余、景德镇、鹰潭的油菜效率优势指数均大于 1，分别排在第一、第五、第六、第八位。通过计算分析数据，以上 4 个地区油菜效率优势大的原因主要在于当地丘陵特色明显，适宜耕种的平原区块面积偏小，粮油及其他作物的产量少，使得该地区所有作物单位面积产量较其他地区低，故其油菜籽单位面积产量与该地区所有作物单位面积产量的比值较其他地区高。油菜产量排名前 3 的九江、上饶、宜春的油菜生产效率优势指数分别排名为第七、第四、第二，通过分析统计数据，九江、上饶由于生产条件优良，粮油及其他作物的产量也较大，故其所有作物的单位面积产量也大，导致其油菜单位面积产量在该地区的优势不明显，排名下降。

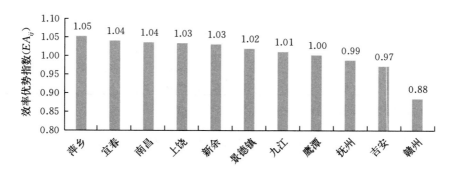

图 5-3　2020 年江西各地区油菜生产效率优势指标

三、江西油菜生产综合优势指数分析

为了显示江西各地区油菜生产的现状差异，在此引入综合优势指数，具体计算各地区的综合优势状况，其计算见公式5-3。

$$AAI_{ij} = \sqrt{SAI_{ij} \times EAI_{ij}} \qquad (5-3)$$

其中，AAI_{ij}为综合优势指数，其中SAI_{ij}和EAI_{ij}分别为规模优势指数和效率优势指数。综合优势指数（AAI_{ij}）是规模优势指数（SAI_{ij}）和效率优势指数（EAI_{ij}）的综合作用结果，采用两者的几何平均数来反映，$AAI_{ij}>1$，表示与全省平均水平相比，i地区j种作物生产具有综合比较优势。$AAI_{ij}<1$，表明i地区j种作物与全省平均水平相比不具有综合比较优势。$AAI_{ij}=1$，表示既无比较优势，也无比较劣势，处于临界状态。AAI_{ij}值越大，优势越明显。

通过图5-4可知，2020年江西油菜生产综合优势大于1的有萍乡、上饶、景德镇、南昌、九江5个地区，这些地区自然、经济、技术条件好，3种优势比较均衡，是江西油菜生产的最优良区域，可继续保持并强化其优势；油菜生产综合优势最弱的宜春、吉安、鹰潭、新余、抚州具有较好的效率优势，油菜生产在当地具有较强的产量优势，可逐步改善生产条件，优化种植区位布局。

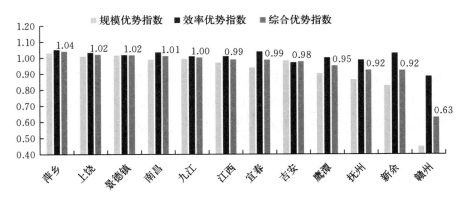

图5-4　2020年江西及各地区油菜生产综合效率优势指标

第六章

江西油菜主产县生产效率测度研究

第一节　研究区概况

长江流域既是我国油菜的主产区，又是世界上最大的油菜生产带，油菜籽总产量占世界油菜籽总产量的 25％。江西地处长江中下游冬油菜主产区，油菜种植面积约占全省油料作物种植面积的 70％，总产量约占全省油料作物总产量的 55％，已成为江西种植面积第二大农作物和最大的油料作物。据江西省统计局数据显示，2018 年江西夏收油菜籽面积 48.3 万公顷，总产量达 69.82 万吨。2013 年以来，依托江西农业农村厅油菜产业技术体系岗位项目，针对全省 10～15 个油菜主产县 150 位农户开展油菜生产、成本收益状况监测。由于调查部分县（市、区）存在轮换的情况，最终确定鹰潭市余江区，景德镇市乐平市，九江市瑞昌市、湖口县、共青城市、武宁县，吉安市泰和县、安福县，南昌市南昌县，上饶市万年县 10 个县（市、区），分布区域主要集中在赣东北、赣中、赣北三大区域。值得说明的是，该调查样本以小农户为主，主要反映油菜种植农户的生产效率。

第二节 研究方法

一、DEA 模型

数据包络分析（DEA）是美国著名运筹学家 A. Charnes 等（1978）采用线性规划理论评价决策单元之间相对有效性的一种模型方法。DEA 把受评估单位或组织称为决策单元（DMU），通过选取 DMU 的多项投入产出数据，利用线性规划，以最优投入产出作为有效生产前沿面，构建数据包络曲线，并根据 DMU 与有效生产前沿面的相对距离偏离程度来确定每个 DMU 是否 DEA 有效。传统的 DEA 模型基于规模报酬不变和可变情形，可分为 CCR 模型和 BBC 模型。其中 CCR 模型基于固定规模报酬情形，用于衡量总效率；BCC 模型则是基于可变规模报酬情形，用于衡量纯技术和规模效率。由于油菜生产投入的要素多来自农户或种植合作社等主体，这些投入要素可控、可调节，但油菜籽产出水平却无法控制或干预，其规模收益往往可变。因此，本研究选取可变规模报酬 BCC 模型评价江西 10 个油菜主产县（市、区）油菜生产效率，综合技术效率取值范围为 0～1，综合效率值越接近 1 则表示 DEA 越有效。BBC 模型见公式 6 - 1。

$$\min\left[\theta - \varepsilon\left(\sum_{i=1}^{m} s_i^- + \sum_{r=1}^{t} s_r^+\right)\right]$$

$$s.t.\begin{cases} \sum_{j=1}^{n} \lambda_j x_{ij} + s_i^- = \theta x_{ik} \\ \sum_{j=1}^{n} \lambda_j y_{rj} - s_r^+ = y_{rk} \\ \sum_{j=1}^{n} \lambda_j = 1 \\ \lambda_j, s_i^-, s_r^+ \geqslant 0, \ j = 1, 2, \cdots, n \end{cases} \quad (6-1)$$

公式（6 - 1）中，ε 为非阿基米德无穷小，通常取 $\varepsilon = 10^{-6}$，θ 为效率评价值，λ_j 为决策变量，x_{ij} 为第 j 个决策单元的第 i 个投入量，y_{rj} 为

第 j 个决策单元的第 r 个产出值。当 $\theta=1$，且 $s_i^-=s_r^+=0$ 时，表示决策单元 DEA 有效；当 $\theta=1$，且 $s_i^- \neq s_r^+ \neq 0$ 时，表示决策单元弱 DEA 有效；当 $\theta<1$，表示决策单元非 DEA 有效。

二、Malmquist 指数

DEA-BBC 模型主要针对横截面数据展开统一时间节点生产效率对比的静态分析，而 Malmquist 指数则是对横截面数据展开动态分析。相较于 DEA 模型而言，Malmquist 指数作为一种测算多投入、多产出生产效率的非参数效率评价法，能动态反应决策单元在多个时期内全要素生产率（TFP）的纵向变化情况，将生产效率分解为技术变化（技术进步指数为 techch）和效率变化（技术效率指数为 effch），其中技术效率指数可分解为纯技术效率指数（pech）和规模效率指数（sech）的乘积，并解释效率变化的动态特征，有效弥补 DEA 模型静态分析的不足。因此选用 DEA-Malmquist 指数模型，测算决策单元在不同时期的生产效率的动静态变化情况更具科学性、全面性。假设 t 和 $t+1$ 时期的输出函数分别为 D^t 和 D^{t+1}，投入产出量分别为（x^t，y^t）和（x^{t+1}，y^{t+1}），VRS 表示生产规模报酬可变，则 t 到 $t+1$ 时期的 Malmquist 指数公式可表示为公式 6-2。

$$TFP = Techch \times Effch = Techch \times (Pech \times Sech) \quad (6-2)$$

Malmquist 指数模型为公式 6-3。

$$
\begin{aligned}
M\left(x^{t+1}, y^{t+1}, x^t, y^t\right) &= \left[\frac{D^t\left(x^{t+1}, y^{t+1}\right)}{D^t\left(x^t, y^t\right)} \times \frac{D^{t+1}\left(x^{t+1}, y^{t+1}\right)}{D^{t+1}\left(x^t, y^t\right)}\right]^{\frac{1}{2}} \\
&= \left[\frac{D^t\left(x^{t+1}, y^{t+1}\right)}{D^{t+1}\left(x^{t+1}, y^{t+1}\right)} \times \frac{D^t\left(x^t, y^t\right)}{D^{t+1}\left(x^t, y^t\right)}\right]^{\frac{1}{2}} \times \\
&\quad \frac{D^{t+1}\left(x^{t+1}, y^{t+1}\right)}{D^t\left(x^t, y^t\right)} \\
&= \left[\frac{D^t\left(x^{t+1}, y^{t+1}\right)}{D^{t+1}\left(x^{t+1}, y^{t+1}\right)} \times \frac{D^t\left(x^t, y^t\right)}{D^{t+1}\left(x^t, y^t\right)}\right]^{\frac{1}{2}} \times \\
&\quad \frac{D^t\left(x^{t+1}, y^{t+1}/VRS\right)}{D^t\left(x^t, y^t/VRS\right)} \times \frac{S^t\left(x^t, y^t\right)}{S^{t+1}\left(x^{t+1}, y^{t+1}\right)}
\end{aligned}
$$

$$(6-3)$$

据公式 6-2 对公式 6-3 分解，可对投入产出效率指数表述为公式 6-4。

$$\text{Techch}=\left[\frac{D^t\ (x^{t+1},\ y^{t+1})}{D^{t+1}\ (x^{t+1},\ y^{t+1})}\times\frac{D^t\ (x^t,\ y^t)}{D^{t+1}\ (x^t,\ y^t)}\right]^{\frac{1}{2}}$$

$$\text{Pech}=\frac{D^t\ (x^{t+1},\ y^{t+1}/VRS)}{D^t\ (x^t,\ y^t/VRS)} \qquad (6-4)$$

$$\text{Sech}=\frac{s^t\ (x^t,\ y^t)}{s^t\ (x^{t+1},\ y^{t+1})}$$

当 $M<1$，表明 t 到 $t+1$ 时期的 TFP 处于降低状态；当 $M=1$，表明 t 到 $t+1$ 时期的 TFP 不变；当 $M>1$，表明 t 到 $t+1$ 时期的 TFP 处于增长状态。具体分解，当 Techch<1 时，表明从 t 到 $t+1$ 时期，DMU 生产技术边界向内推移，技术衰退；当 Techch$=1$ 时，表明从 t 到 $t+1$ 时期，DMU 生产技术边界不变，技术不变；当 Techch>1 时，表明从 t 到 $t+1$ 时期，DMU 生产技术边界向前推移，技术得到创新或进步。当 Effch<1 时，DMU 与生产前沿面的距离变远，技术效率降低；当 Effch$=1$ 时，DMU 与生产前沿面的距离未改变，技术效率不变；当 Effch>1 时，DMU 与生产前沿面的距离拉近，技术效率得到提高。再对 Effch 分解，当 Pech>1 表示纯技术效率相对提升，反之相反；当 Sech>1 表示靠近最优规模，反之相反。

第三节　指标选取与数据来源

油菜生产效率是对要素投入使用以及油菜生产技术的综合反映，表现为油菜生产过程中各项投入与产出之间的关系，体现了油菜籽生产的资源配置状况，是度量在一定要素投入条件下，获得的实际产出与最大产出之间的比率。因此，反映江西油菜产业生产效率的指标选取要立足江西油菜生产实际情况，遵循科学准确、简明实用和兼顾数据可得性、有效性原则。受限于调研数据收集难度，将本章的研究时段确定为 2013—2018 年，测算江西油菜主产县（市、区）的全要生产率的投入和产出变量具体选择如表 6-1 所示。数据来源于江西农业农村厅油菜主产县成本收益调查，同时，对原始指标数据做标准化处理，以消除不同评价指标之间的量纲影响，为后续效率测算提供更可靠的保障。

表 6-1　测算油菜籽全要素生产率的投入、产出指标选择

一级指标	二级指标	指标说明	指标单位	指标符号
	种子	种子、种苗费	元/亩	x_1
	化肥	化肥费	元/亩	x_2
投入指标	劳动力	家庭用工折价	元/亩	x_3
	农药费	农药费	元/亩	x_4
	物质与服务费用	农具购置修理费	元/亩	x_5
产出指标	主产品产量	油菜籽产量	千克/亩	y_1

注：由于部分县（市、区）调查户种植油菜的土地为自有耕地，且各县（市、区）土地流转费用差异较大，无法准确横纵向对比土地费用，投入指标未将其纳入。

描述性统计结果见表 6-2。

表 6-2　描述性统计

变量名称	样本数	均值	标准差	最小值	最大值
y_1	60	103.08	27.01	44.50	151.50
x_1	60	233.44	47.76	121.04	340.80
x_2	60	13.74	4.60	6.52	26.13
x_3	60	73.93	15.51	38.50	143.60
x_4	60	17.22	8.80	8.10	55.00
x_5	60	2.01	3.78	0.00	26.50

第四节　实证结果分析

采用 DEA-BCC 模型和 Malmquist 模型，运行 DEAP 2.1 软件，以江西 10 个油菜主产县（市、区）2013 年、2018 年数据为截面数据进行 DEA-BCC 静态分析，以 2013—2018 年的 6 年数据为序列进行

Malmquist 动态分析。

一、静态截面数据评价

运用 DEAP 2.1 软件，基于 BCC 模型评价 2013 年和 2018 年江西 10 个油菜主产县（市、区）油菜籽全要素生产率，结果见表 6-3。总体来看，江西油菜籽全要素生产率呈上升态势，发展趋势良好。

（一）综合技术效率分析

综合技术效率值越接近 1，表明投入产出效率越好。从表 6-3 可以看出，2013 年江西 10 个主产县（市、区）油菜籽全要素生产率平均值为 0.92，2018 年略有下降为 0.91，但整体并未达到 DEA 有效，仍存在上升空间。2013 年、2018 年江西 10 个主产县（市、区）油菜籽全要素生产率处于生产前沿的县（市、区）有 6 个，占比 54.55%，它们分别是乐平市、瑞昌市、湖口县、共青城市、南昌县、万年县。这 6 个县（市）全要素生产率表现为有效，说明这 6 个县（市）生产要素投入实现了最优配置，投入产出组合达到最优效果，全要素生产率较高。而余江区、安福县、武宁县、泰和县 4 个县（区）处于 DEA 弱有效，尚未达到生产前沿面，主因在于纯技术效率和规模效率不高，因此 4 个县（区）要适度调整增加要素投入，以提升综合技术效率。

（二）纯技术效率分析

纯技术效率是综合技术效率的分解指标之一，其数值越接近于 1，表明该区域的油菜籽生产技术和管理水平越接近先进。从表 6-3 可以看出，2013 年江西 10 个主产县（市、区）油菜籽的纯技术效率为 0.99，2018 年该值下降为 0.98，但整体仍未达到 DEA 有效，反映出主产县（市、区）油菜籽种植生产的管理和技术能力仍有进一步提升空间。2013 年油菜籽纯技术效率有效的县（市、区）有 9 个，占比 90%。2018 年仍为 9 个，武宁县纯技术效率由 2013 年的 1.00 降低至 2018 年的 0.78，余江区纯技术效率由 2013 年的 0.93 上升至 2018 年的 1.00，这 9 个县（市、区）依次为余江区、乐平市、瑞昌市、湖口县、共青城市、泰和县、安福县、南昌县、万年县，表明这 9 个县（市、区）油菜籽生产的技术与管理水平排位靠前。此外，通过对比纯技术效率指数和规模效率指数发现，武宁县的纯技术效率值低于规模效率值，表明限制武宁县油菜生产效率的主因是纯技术效率偏低，在生产过程中应加强技术和管理经验的更新提升。

（三）规模效率分析

规模效率也是综合技术效率的分解指标之一，其数值越接近 1，表明该区域在相同的技术与管理水平下的投入规模越接近最佳规模。从表 6-3 可以看出，2013 年江西 10 个主产县（市、区）油菜生产规模效率为 0.92，2018 年上升到 0.93，规模效率有所上升，但仍未达到最优规模。2013 年主产县（市、区）油菜生产规模效率有效的地市有 6 个，占比 60％，2018 年下降为 5 个。说明 2013—2018 年主产县（市、区）油菜生产规模效率呈现出整体下降态势。对比 2018 年和 2013 年乐平市、瑞昌市、湖口县、共青城市、南昌县 5 个县（市）的油菜生产规模效率达到最优，农资、劳动力要素投入规模达到最优，投入要素处于最佳规模。

表 6-3　2013 年、2018 年江西 10 个油菜主产县（市、区）油菜籽全要素生产率

地区	2013 年				2018 年			
	综合效率	纯技术效率	规模效率	规模收益	综合效率	纯技术效率	规模效率	规模收益
余江区	0.85	0.93	0.91	irs	0.97	1.00	0.97	irs
乐平市	0.83	1.00	0.83	irs	1.00	1.00	1.00	—
瑞昌市	1.00	1.00	1.00	—	1.00	1.00	1.00	—
湖口县	1.00	1.00	1.00	—	1.00	1.00	1.00	—
共青城市	1.00	1.00	1.00	—	1.00	1.00	1.00	—
泰和县	0.69	1.00	0.69	irs	0.90	1.00	0.90	irs
安福县	0.81	1.00	0.81	irs	0.59	1.00	0.59	irs

（续）

| 地区 | 2013 年 | | | | 2018 年 | | | |
	综合效率	纯技术效率	规模效率	规模收益	综合效率	纯技术效率	规模效率	规模收益
武宁县	1.00	1.00	1.00	——	0.69	0.78	0.89	irs
南昌县	1.00	1.00	1.00	——	1.00	1.00	1.00	——
万年县	1.00	1.00	1.00	——	0.99	1.00	0.99	irs
平均值	0.92	0.99	0.92		0.91	0.98	0.93	

注：drs 表示规模报酬递减，irs 表示规模报酬递增，——表示规模报酬不变。

二、Malmquist 指数的动态序列数据评价

采用 DEAP 2.1 软件对 2013—2018 年主产县（市、区）油菜生产投入产出数据运算，从年度、区域角度考察主产县（市、区）油菜全要素生产率及其构成的动态变化特征。

（一）全要素生产率阶段性分析

2013—2018 年江西 10 个油菜主产县（市、区）油菜生产 Malmquist 指数分解指标见表 6-4 和图 6-1 所示。

表 6-4   2013—2018 年江西 10 个油菜主产县（市、区）
油菜生产 Malmquist 指数分解

年份	技术效率（TE）	技术进步率（TP）	纯技术效率（PTE）	规模效率（SE）	全要素生产率（TFP）
2013—2014 年	0.97	0.88	0.98	1.00	0.86
2014—2015 年	0.93	1.61	0.95	0.97	1.50
2015—2016 年	0.99	0.98	1.02	0.97	0.96
2016—2017 年	1.08	1.10	1.02	1.06	1.19
2017—2018 年	1.08	1.00	1.04	1.04	1.08
均值	1.01	1.11	1.00	1.01	1.12

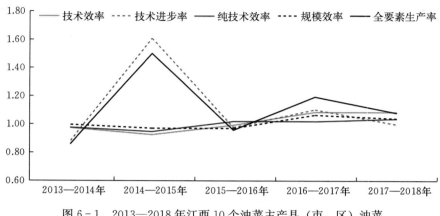

图 6 - 1 2013—2018 年江西 10 个油菜主产县（市、区）油菜
全要素生产率 Malmquist 指数及其分解

从全省层面看，2013—2018 年，江西 10 个油菜主产县（市、区）油菜全要素生产率指数平均值呈先上升后下降再波动变化趋势，说明江西油菜全要素生产率有所提升但仍未得到充分发挥，发展空间较大。从分解指标来看，技术效率呈现波动上升态势，总体上升趋势明显；技术进步率呈现先上升后下降再波动变化趋势，说明技术进步空间有限。同时结合图 6 - 1 的变动曲线可知：全要素生产率与技术进步率呈现同方向变动，表明江西油菜全要素生产率增长动力主要来自技术进步，即江西油菜全要素生产率的提升属于技术进步型。

2013—2018 年技术效率指数的均值大于 1.00，表明江西油菜主产县（市、区）油菜生产的技术效率总体上处于波动上升态势，油菜种植技术、农艺与农技处于较高水平，正向提升了油菜全要素生产率。从分解指标来看，纯技术效率指数为 1.00，总体上处于波动上升态势；规模效率指数为 1.01，年均波动幅度相对较大。结合图 6 - 1 来看，技术效率与规模效率基本呈现同方向变动，且 2013—2015 年规模效率大于技术效率，而 2015—2018 年技术效率大于规模效率，说明在前期规模效率更有利于油菜全要素生产率的提升，在后期则是规模效率更有利于油菜全要素生产率的提升。因此，可以认为，规模效率和技术效率在推动油菜全要素生产率提升的进程中均发挥了重要作用，这得益于扶持油菜生产的政策、资本、人力、制度的多维发力。

技术进步率的年际波动较为明显。2013—2015 年技术进步率呈现出先大幅上升后又大幅下降态势，2015—2018 年技术进步率又呈现出波动上升态势。其中，2014—2015 年、2016—2017 年、2017—2018 年的技术进步率均超过 1.00，表明在这 3 个年份区间主产县（市、区）对油菜生产的技术利用和技术创新的重视程度较高；2014—2015 年的技术进步率高达 1.61，表明该年农机化供给得到了技术上的强大支持（表 6－4 和图 6－1）。可能的原因是，2015 年国务院办公厅印发《关于促进油料生产发展的意见》鼓励支持长江流域扩大冬闲田油菜种植面积，有效地促进了江西油菜产业的发展。

（二）全要素生产率区域性分析

江西 10 个油菜主产县（市、区）油菜全要素生产率 Malmquist 指数分解指标如表 6－5 所示。

表 6－5 2013—2018 年江西 10 个油菜主产县（市、区）油菜
全要素生产率 Malmquist 指数分解指标

地区	技术效率 （TE）	技术进步率 （TP）	纯技术效率 （PTE）	规模效率 （SE）	全要素生产率 （TFP）
余江区	1.06	1.02	1.03	1.02	1.06
共青城市	1.00	0.99	1.00	1.00	1.00
武宁县	0.94	1.18	0.95	0.98	1.09
万年县	1.01	0.95	1.00	1.00	0.98
泰和县	1.06	1.25	1.00	1.06	1.36
瑞昌市	1.00	1.26	1.00	1.00	1.26
南昌县	1.00	1.10	1.00	1.00	1.10
乐平市	1.09	1.15	1.01	1.07	1.18
湖口县	1.01	1.00	1.00	1.01	1.01
安福县	0.94	1.23	1.00	0.94	1.15

从各地区油菜全要素生产率指数变动情况来看（表 6－5），2013—

2018年，9个县（市、区）油菜全要素生产率指数大于1，主因在于技术进步率和规模效率的提升，可能的原因是，近年来江西各县（市、区）科技创新力度不断提升，科技成果推广应用速度不断加快，油菜种子研发不断创新与应用，油菜生产的农技、农艺推广体系比较完善，有效地提高了油菜生产效率。2013—2018年，泰和县油菜全要素生产率平均值最高，主要源于技术效率和技术进步率，可以认为技术效率和技术进步率是推动油菜生产的主因；万年县油菜全要素生产率平均值最低，主要源于技术进步率过低，说明技术进步是制约万年县进一步提高油菜全要素生产率的主因，当地应当及时出台地方性激励政策，加大技术研发和推广力度，从而提高油菜全要素生产率。

从技术效率变动情况来看（表6-5），2013—2018年，有8个主产县（市、区）技术效率（TE）指数超过1.00，可见各主产县（市、区）油菜生产过程中的各项生产要素配置比较合理，对农技、农艺应用更加成熟，有效提高了油菜全要素生产率。从纯技术效率情况来看，有9个主产县（市、区）纯技术效率（PTE）指数超过1.00，武宁县纯技术效率指数为0.98，说明武宁县在油菜生产过程中农技、农艺综合运用还存在一定欠缺，仍有进一步加强的空间。同时，9个主产县（市、区）均能达到纯技术效率前沿面，均能合理利用生产技术，通过提升技术应用有效实现全要素生产率的提高。从规模效率指数情况来看，有8个主产县（市、区）规模效率（SE）指数超过1.00，武宁县和安福县规模效率（SE）指数均小于1.00，说明武宁县和安福县油菜生产并未达到规模效率递增阶段，为提高全要素生产率，两地应适当鼓励农户扩大种植规模，增加规模效率。同时，8个主产县（市、区）呈现规模报酬递增阶段，均能合理配置生产资源，通过提升规模效率有效实现全要素生产率的提高。

从技术进步率情况来看（表6-5），2013—2018年，各主产县（市、区）之间的技术进步率存在较大差异，瑞昌市的平均技术进步率最高，万年县的平均技术进步率最低。从综合技术效率和规模效率来看，可以认为技术进步是影响江西油菜全要素生产率的关键因素，各县（市、区）应加强对油菜生产技术进步的重视。

第五节 结　　论

本章采用 DEA-Malmquist 指数分析了 2013—2018 年江西 10 个油菜主产县（市、区）的油菜全要素生产率变化及其分布特征，主要结论如下。

一、油菜生产综合效率呈现整体向好态势，但仍存在较大区域差异

从静态角度看，2013—2018 年江西 10 个油菜主产县（市、区）油菜生产综合效率指数为 0.87，整体处于较高水平，但仅有瑞昌市和南昌县油菜生产综合效率指数平均值达到了 1.00，其余县（市、区）油菜生产综合效率均未达到生产前沿面。分年度来看，2018 年生产综合效率指数达到生产前沿的县（市）有 6 个，分别是乐平市、瑞昌市、湖口县、共青城市、南昌县、万年县。从动态角度看，2013—2018 年，9 个县（市、区）油菜全要素生产率指数大于 1，泰和县油菜全要素生产率指数平均值最高（1.36），万年县油菜全要素生产率指数平均值最低（0.98）。

二、油菜生产技术效率呈现整体偏弱态势，但正处于上升态势

从静态角度看，2013—2018 年江西 10 个主产县（市、区）油菜生产技术效率指数为 0.96，整体处于较高水平，但仅有瑞昌市、湖口县、泰和县、安福县、南昌县 5 个县（市）平均技术效率指数为 1.00，处于生产前沿面。分年度来看，2013 年油菜生产纯技术效率有效的县（市、区）有 9 个；2018 年仍为 9 个（武宁县纯技术效率指数由 2013 年

的 1.00 降低至 2018 年的 0.78；余江区纯技术效率指数由 2013 年的 0.93 上升至 2018 年的 1.00）。从动态角度看，2013—2018 年江西 10 个主产县（市、区）油菜生产的技术效率指数均值大于 1.00，表明江西油菜主产县（市、区）油菜生产的技术效率总体上处于上升态势。

三、技术进步是提升油菜全要素生产率的关键因素，但呈现较大区域差异

从分解指标来看，全要素生产率与技术进步呈现同方向变动，表明江西油菜全要素生产率增长动力主要来自技术进步，即江西油菜全要素生产率的提升属于技术进步型。分地区来看，2013—2018 年，各主产县（市、区）之间的技术进步率存在较大差异，瑞昌市的平均技术进步率最高，万年县的平均技术进步率最低。

第七章

江西油菜产业竞争力分析
——基于熵值法

第一节　模型介绍

德国著名物理学家 T. Clausuis 于 1865 年最早提出"熵"的概念，并将其应用到热力学领域，用来描述体系的失序程度。1948 年，C. E. Shannon 将"熵"的概念引入信息论学科中，以此表示对不确定性的度量，称之为"信息熵"。在信息论中，数据的信息承载量越小，说明不确定性就越大，熵值越大；反之，数据的信息承载量越大，不确定性则越小，熵值越小，后广泛应用于指标赋权方面。熵值法赋权的原理是，根据各项指标的熵值来判断指标的离散程度和信息承载量大小，熵值越大，离散程度越小，所提供的有效信息越少，对综合评价的影响越小，即所占的权重也就越小，反之，所占权重则越大。

本章拟采用熵值法对油菜产业竞争力进行计算分析。熵值法的特点在于其能够有效地对各项指标数据进行客观的评价，可以有效地避免主观因素的干扰，基于评价对象的各个单项指标，计算出各测量指标的权重，权重的确定完全依赖于客观数据。具体计算方式如下。

首先进行数据的标准化处理：

$$x_{i,j}{}' = \frac{x_{i,j} - \min\{x_{1,j}, \cdots, x_{n,j}\}}{\max\{x_{1,j}, \cdots, x_{n,j}\} - \min\{x_{1,j}, \cdots, x_{n,j}\}}$$

$x_{i,j}$代表各项指标的初始值，max 是第 j 项指标的最大值，min

是第 j 项指标的最小值，$x_{i,j}'$ 为各项指标经过标准化处理后的值，i 表示不同的区域（$i=1$，2，…，15），j 为各项测度指标（$j=1$，2，…，13）。

i 区域的第 j 项指标数值所占的比重为：

$$p_{i,j} = \frac{x_{i,j}'}{\sum x_{i,j}'}$$

计算单项指标的熵值：

$$e_j = -k \sum_{i=1} p_{i,j} \ln(p_{i,j}), k = \frac{1}{\ln(n)}$$

计算单项指标的信息冗余度：

$$d_j = 1 - e_j$$

计算第 j 项指标的权重：

$$\omega_j = \frac{d_j}{\sum_{j=1} d_j}$$

于是，可以获得 i 区域的油菜产业竞争力水平的综合得分：

$$ER_i = \sum_{j=1} \omega_j \times p_{i,j}$$

一个区域的综合指数值 ER_i 越大，表示该区域的油菜产业竞争力水平的强度就越大。

第二节　熵值法的优点

熵值法作为一种常见的客观确定权重的方法，其主要思想是利用各个评价指标所承载的信息量以及对整个评价系统的影响程度判断各个指标的有效性和重要性，进而对指标进行客观准确赋权。此方法并未掺杂决策者的主观判断，有效地避免了人为因素造成的干扰和误差，可较好地依据客观实际对评价体系作出客观、公正的赋权，权重值可信度较高，能有力地确保结果的客观性和准确性，是一种定性分析和定量分析相结合的决策方法，目前广泛应用在系统工程、经济学、统计学等领域。

油菜产业竞争力是多方因素动态变化的结果，熵值法通过对分析性指标客观赋权，可以从多层面综合评价产业竞争力内在构成情况及其变化趋势，弥补指数分析评价角度单一的不足。

第三节　模型构建的原则

目前学者们对油菜产业竞争力的研究较少，更多集中在对其进行定性分析和初步的定量分析，虽然在一定程度上能够对我国的油菜产业竞争力进行分析，但是影响油菜产业竞争力的因素较多，此类方法考虑的因素较单一，有一定的局限性。为了更好地考察我国油菜产业竞争力水平，本章拟构建一个指标体系，梳理各项影响油菜产业发展的因素，同时征询生产、加工、市场等方面的专家意见，选择影响较大的指标对油菜产业竞争力进行实证分析，以更好地对其进行客观且全面的分析，从而更好地展示各个地区的油菜产业发展水平。

前期进行了大量调研，征询多方专家意见，经过多次筛选，确定每个个体指标，力求将科学性和可操作性结合起来。本章拟制定的江西油菜产业竞争力指标体系符合以下几个方面原则。

一、全面性原则

力求所设计的各项指标能从不同层面上更全面地反映江西油菜产业的发展水平，揭示其竞争力的本质特征，揭示江西油菜产业结构特征、江西油菜产业市场结构、城乡消费水平等重要内容。

二、重要性原则

由于影响江西油菜产业竞争力的因素很多，本章选取对油菜产业竞争力有重要影响的因素作为评价指标，对于影响较小的因素，采用其他指标替代或者不设置指标的办法，从而凸显所选用指标对油菜产业竞争力影响的重要程度。

三、可获得性原则

在构建油菜竞争力指标时，部分指标难以获得，考虑到指标的可获得性，本章将部分难以获得的指标作了一定的替换和删减，充分考虑油菜产业的各种相关情况，指标要易于评价和操作，数据要比较容易获得。

四、可比性原则

在运用油菜产业竞争力评价指标体系进行分析时，常常需要进行纵向和横向比较。因此，在构建油菜产业竞争力指标时，需要考虑到各指标不仅要适应油菜产业不同年度的比较，而且要在省与省之间、地级市之间普遍适应，具体要求为指标体系内的因素所包含的计算口径和方法等指标口径要一致。

五、层次性原则

层次性就是指标体系内部要有层次划分，可以分为一、二级指标等。在满足以上原则的基础上，本章拟从横纵两个方向对江西油菜产业发展进行对比分析，首先是从全国的角度来看江西油菜产业竞争力的发展情况，将江西油菜产业发展与其他省份进行对比分析，从而可以更好地了解江西油菜在全国油菜发展中的地位和重要性；其次是对江西省内的油菜产业发展进行对比分析，结合油菜发展状况，对地区进行了重新划分和组合，按照前文中所提到的指标体系，结合相应的实证计量方法进行分析，从而更直观、客观、全面地了解江西油菜产业竞争力发展状况。

第四节　全国各省份油菜产业竞争力分析

一、全国各省份油菜产业竞争力指标体系的构建

首先是对全国各省份油菜产业竞争力构建指标体系，基于前面提到

的五大原则，充分考虑数据的可获得性、真实性等问题，参考相关学者和专家的意见，拟构建以下指标体系（表7-1）。

表7-1　全国各省份油菜产业竞争力指标体系

一级指标	二级指标	单位	变量名	指向性
生产竞争力	主产品产量	千克/亩	x_1	正向
	主产品产值	元/亩	x_2	正向
	化肥费	元/亩	x_3	负向
	农药费	元/亩	x_4	负向
	机械作业费	元/亩	x_5	负向
市场竞争力	净利润	元/50千克	x_6	正向
	平均出售价值	元/50千克	x_7	正向
	农村居民消费支出	元/年	x_8	正向
	农村居民可支配收入	元/年	x_9	正向
	城镇居民消费支出	元/年	x_{10}	正向
	城镇居民可支配收入	元/年	x_{11}	正向
环境竞争力	人工成本	元/亩	x_{12}	负向
	等级公路里程	万千米	x_{13}	正向

考虑到油菜产业的发展现状，拟从生产端、需求端、环境条件端3个角度来对全国各省份油菜产业竞争力进行分析，具体分为生产竞争力、市场竞争力、环境竞争力三大方向，构建此3个一级指标，同时下设二级指标。

（一）生产竞争力

生产竞争力是油菜产业竞争力中最重要的一个方面，生产的效果决定了油菜的质量，该指标主要从以下5个角度体现。

1. 主产品产量

产量作为衡量该产品所具备的生产竞争力的基础表现，也是测算该产品现实生产能力的指标之一，能够从整体上把握该产品在一个区域内的生产水平。主产品产量越高，说明该产品生产力水平良好，尤其是我国土地资源有限，利用有限的土地资源，提高油菜产能，能够极大地推动油菜生产水平提升。此项指标为正向指标。

2. 主产品产值

主产品产值主要是指生产者通过各种渠道出售主产品所得收入和留存的主产品可能得到的收入之和。市场化背景下，主产品产值的高低表现在生产成本总量和价格上。

3. 化肥费

科学有效地利用化肥能够提高土壤的肥力，满足油菜的生长需求，促进油菜的单位面积产量提升，能够有效地提高土壤的使用效率，同时也能够提高油菜的出油率，但是在耕作资金有限的条件下，化肥的费用越高会导致化肥的用量越少，要提升土壤肥力就意味着要提高化肥的投入资金。此项指标为负向指标。

4. 农药费

使用农药能够有效防治作物的相关病害，使用农药不仅能够改善作物的生长环境，更能够有效地提高作物的产量。但是农药费与化肥费一样，属于耕作必要的开支，随着农药价格上涨，势必会导致耕作者投入更大的成本。此项指标为负向指标。

5. 机械作业费

机械作业指的是在耕作时采用机械进行种植、施肥、收割等所产生的费用。对于有机械的农户而言，此项为机会成本，对于没有机械的农户而言，利用机械能够有效地提高耕耘时的作业效率，大大减少人工成本。机械作业费越高，开支则越大，相应的成本也会提高。此项指标为负向指标。

（二）市场竞争力

市场竞争力作为油菜产业竞争力中一个重要的部分，市场竞争力越大，油菜的消耗量也就越大，更能有效地消耗生产的油菜，在一定程度上能够促进油菜的生产，提升该区域的油菜产业竞争力。而对于市场竞争力而言，主要由以下因素影响。

1. 净利润

净利润作为衡量产品竞争力的主要指标之一，一直受到高度关注，区域产品的净利润越高，区域内进行该产品种植生产的积极性越高，区域内对该产品的重视程度也越高。此项指标为正向指标。

2. 平均出售价值

平均出售价值和净利润有着较大的联系，平均出售价值更关注出售的价格，为产业链的下游，而将利润需要对成本进行分析，因此将平均出售价值单独作为一项指标进行研究，平均出售价值越高代表该产品的市场竞争力越强，二者呈正相关。此项指标为正向指标。

3. 收入与消费支出

城镇居民可支配收入、农村居民可支配收入、城镇居民消费支出、农村居民消费支出，这四项指标在一定程度上能够反映其对油菜市场的需求量，通常而言，城镇居民可支配收入、农村居民可支配收入、城镇居民消费支出、农村居民消费支出越高，对油菜的需求就越大。这些指标皆为正向指标。

（三）环境竞争力

环境竞争力作为产业竞争力中一个重要的组成部分，主要从产业环境的角度衡量产业发展，产业环境对产业的发展有较大程度的影响，类似于催化剂，可正向加速产业发展，也可在一定程度上抑制产业发展。主要从以下2个方面对油菜产业环境竞争力进行分析。

1. 人工成本

人工成本在油菜产业发展中比较重要，耕种、收割时期时间短、工作量大，需要人工进行操作，人工成本的支出影响着油菜的利润，人工成本越高，利润越低，油菜种植的积极性越低，从而抑制油菜的发展。此项指标为负向指标。

2. 等级公路里程

等级公路里程主要反映了区域的公路发展，油菜的运输主要靠公路货运来完成，大部分区域的油菜销售集中在当地或者附近区域。因此，将等级公路里程纳入指标体系具有科学性，同时，等级公路里程越大意味着交通越便利，运输成本越低。此项指标为正向指标。

二、全国各省份油菜指标描述性统计

我国各省份油菜产业竞争力指标体系的构建过程如下，整理了2016—2020年我国各省份的相关数据，基于本章拟定的指标体系构建的六大原则，对以下变量指标进行描述性统计（表7-2），数据来源于《中国统计年鉴》《全国农产品成本收益资料汇编》。

表 7-2　全国各省份油菜指标描述性统计

二级指标名称	变量名	变量数	均值	方差	最小值	最大值
主产品产量	x_1	75	138.7	31.69	58.02	224.7
主产品产值	x_2	75	700.8	154.4	240.9	1 010
化肥费	x_3	75	89.88	21.36	26.32	124
农药费	x_4	75	15.38	8.322	1	46.44
机械作业费	x_5	75	69.28	35.1	7.21	146.4
净利润	x_6	75	−84.55	68.74	−245.5	110.6
平均出售价值	x_7	75	253.6	25.78	179.6	317.1
农村居民消费支出	x_8	75	12 101	3 124	7 331	21 555
农村居民可支配收入	x_9	75	14 167	4 849	7 457	31 930
城镇居民消费支出	x_{10}	75	23 555	3 999	17 696	37 508
城镇居民可支配收入	x_{11}	75	35 896	7 513	25 693	62 699
人工成本	x_{12}	75	580.1	236.4	20.39	1 047
等级公路里程	x_{13}	75	18.56	6.354	6.85	37.93

由于油菜在各地的种植规模并不相同，基于《全国农产品成本收益资料汇编》选取了15个省份的相关数据。对这些数据进行描述性统计分析可见，城镇居民可支配收入、农村居民可支配收入、城镇居民消费支出、农村居民消费支出4项的方差较大，主要是由于这4项民生指标通常随着时间的增长而增长。同时各省份之间的数值相差较大，例如从城镇居民可支配收入指标来看，2016年青海的观测值为26 757，此后

几年逐年上升，2020 年为 35 506，浙江地区 2016 年同指标的观测值为 47 237，此后几年也是逐年上升，2020 年为 62 699，约为 2016 年青海观测值的 2.3 倍，可见各地区各年份的差异较大，从而导致此项指标的方差也较大。因此，虽然城镇居民可支配收入、农村居民可支配收入、城镇居民消费支出、农村居民消费支出这 4 项指标的方差较大，但究其原因，此方差在可接受范围内。

三、全国各省份油菜产业竞争力的结果分析

通过 Stata 15 对相关数据进行熵值法计算，结果见表 7 - 3 和图 7 - 1。

表 7 - 3　2016—2020 年部分省份油菜产业竞争力熵值法计算结果

地区	2016 年	2017 年	2018 年	2019 年	2020 年
安徽	0.30	0.36	0.37	0.43	0.44
甘肃	0.19	0.22	0.22	0.27	0.30
贵州	0.22	0.27	0.29	0.31	0.32
河南	0.30	0.35	0.39	0.39	0.41
湖北	0.32	0.38	0.43	0.48	0.44
湖南	0.33	0.37	0.42	0.44	0.49
江苏	0.41	0.49	0.52	0.55	0.59
江西	0.32	0.33	0.34	0.39	0.41
内蒙古	0.34	0.40	0.43	0.52	0.51
青海	0.24	0.28	0.30	0.32	0.38
陕西	0.26	0.29	0.30	0.32	0.33
四川	0.32	0.36	0.39	0.44	0.47
云南	0.26	0.30	0.33	0.34	0.37
浙江	0.50	0.58	0.63	0.67	0.70
重庆	0.32	0.37	0.40	0.45	0.48

从图 7 - 1、表 7 - 3 来看，2016—2020 年我国各省份的油菜产业竞争力随着时间的推移而提升，但湖北和内蒙古两省 2020 年的数据较为特殊，相比 2019 年有所降低。2019 年湖北的油菜产业竞争力为 0.48，

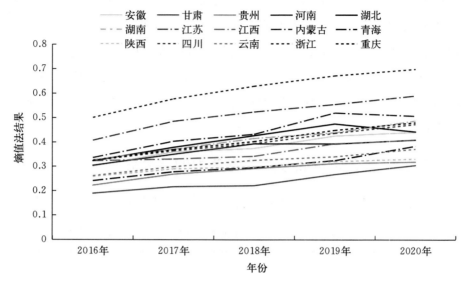

图 7-1 2016—2020 年全国各省份油菜产业竞争力熵值法结果

2020 年为 0.44，下降约 8%，究其原因，一是由于化肥费、农药费、机械作业费三大费用的提升导致油菜生产成本上升，从而反向影响油菜竞争力；二是由于城镇居民可支配收入、农村居民可支配收入、城镇居民消费支出、农村居民消费支出全部下滑，受疫情影响，导致居民收入消费水平均降低，湖北武汉居民收入消费水平下降最为严重，从而影响了油菜的购买和销售，抑制了油菜产业的发展。

2019 年内蒙古油菜产业竞争力为 0.52，2022 年为 0.51，下降约 2%，究其原因主要有 3 个，前 2 个原因与湖北一样，另一个原因在于内蒙古的油菜主产品产量严重下滑，2019 年油菜主产品产量为 83.31，而 2020 年下滑至 66.56，下滑约 20%。

为了进一步横向对比，以熵值法计算 2016—2020 年油菜产业竞争力均值并以 2020 年数值为基础制作了表 7-4、表 7-5、图 7-2 和图 7-3。

先用熵值法对 2016—2020 年数据做了油菜产业竞争力的计算，为了方便对比，又做了均值处理，得到表 7-4 和图 7-2。

表 7 - 4　2016—2020 年部分省份熵值法结果均值排名

地区	2016—2020 年熵值法结果均值	排名
浙江	0.62	1
江苏	0.51	2
内蒙古	0.44	3
湖北	0.41	4
湖南	0.41	5
重庆	0.41	6
四川	0.40	7
安徽	0.38	8
河南	0.37	9
江西	0.36	10
云南	0.32	11
青海	0.30	12
陕西	0.30	13
贵州	0.28	14
甘肃	0.24	15

表 7 - 5　2020 年部分省份熵值法结果排名

地区	2020 年熵值法结果	排名
浙江	0.70	1
江苏	0.59	2
内蒙古	0.51	3
湖南	0.49	4
重庆	0.48	5
四川	0.47	6
湖北	0.44	7
安徽	0.44	8
河南	0.41	9
江西	0.41	10
青海	0.38	11

地区	2020 年熵值法结果	排名
云南	0.37	12
陕西	0.33	13
贵州	0.32	14
甘肃	0.30	15

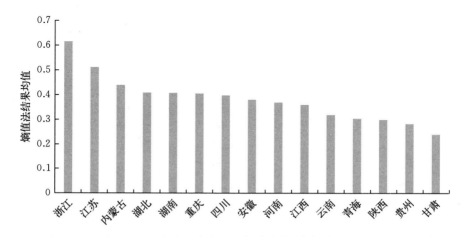

图 7-2　2016—2020 年部分省份熵值法结果均值

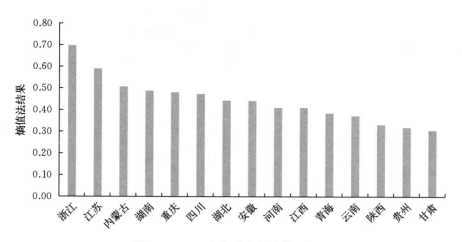

图 7-3　2020 年部分省份熵值法结果

由表 7-4、图 7-2 来看，初步可以分为三个梯队，首先是油菜产业竞争力最强梯队的省份浙江、江苏、内蒙古，这3个省份的油菜竞争力水平远超其他省份；其次是第二梯队，主要是排位第四至第十的省份，这些省份的油菜产业竞争力较为平均，相差并不大，各年份之间的排名经常会有变化；最后是第三梯队，主要是排位第十一至第十五的省份，这些省份与第二梯队的油菜产业竞争力相差30%左右。对比油菜产业竞争力最高的浙江（0.62）来看，约为油菜产业竞争力最低的甘肃省（0.24）的2.58倍，可见同为油菜生产大省，两者之间的差距较大，各省份之间的油菜发展较不均衡。江西排名在第十位，与高水平的省份之间还存在较大差距。

取最近的2020年数据单独分析，得到表7-5和图7-3。

从图7-3、表7-5来看，2020年我国各省份油菜产业竞争力水平依旧可以大体分为三个梯队，第一梯队主要是浙江和江苏两省，这两省的油菜产业竞争力远超其他省份；其次是第二梯队，以0.4为界限，主要是排位在第三至第十名的各省份，对比2016—2020年均值的结果来看，内蒙古的油菜产业竞争力水平逐渐被第二梯度的各省份追赶，同时自身的发展与第二名的江苏差距越来越大；最后是第三梯队，依旧是排位在第十一至第十五名的省份，青海、云南的油菜产业发展越来越向第二梯队各省份靠拢，而陕西、贵州、甘肃对比2016—2020年均值排名均无变化，发展相对缓慢。2020年浙江的熵值法计算结果为0.70，较最低的甘肃0.30而言，约为其2.3倍，对比2016—2020年均值之间的差距2.58倍，可见此两省份的差距随着时间的推移越来越大。江西在全国排名依旧是第十，依然存在很大的进步空间，可通过向其他高水平省份学习相关经验、改进技术等方式提高油菜产业竞争力。

第五节　江西油菜产业竞争力分析

为了进一步明晰江西油菜产业竞争力水平，编写团队依托江西省农业农村厅2013—2018年对全省10～15个油菜主产县（市、区）150位农户开展的油菜生产、成本收益状况监测数据做进一步分析。由于江西传统油菜种植主要集中在赣中、赣北地区，对 10～15 个油菜主产县进行分类整理，选取 10 个油菜主产县（市、区）进行分析，且这 10 个主产县（市、区）分布在江西 6 个市：吉安市、景德镇市、九江市、南昌市、上饶市、鹰潭市。

本节主要从江西 6 个市的油菜产业发展状况进行产业竞争力指标的构建和测算，对各个地区的油菜产业竞争力进行梳理分析。

一、江西油菜产业竞争力指标体系的构建

根据油菜产业竞争力构建原则，本节主要从生产、市场、环境 3 个一级指标来构建江西油菜竞争力模型，同时下分二级指标，对二级指标进行了尽可能细致、详尽、完整的分析，充分体现了全面性、重要性、可获得性、可比性、层次性原则。具体见表 7-1。

通过对驻点调研数据的获取和《江西统计年鉴》数据的整理，可得到 6 个市 2013—2018 年数据，采用 Stata 15 进行数据整理，指标描述性统计具体见表 7-6。

表 7-6 江西油菜指标描述性统计

二级指标名称	变量名	变量数	均值	方差	最小值	最大值
主产品产量	x_1	36	97.99	22.6	58.63	136
主产品产值	x_2	36	563.1	132.8	338.1	871.8
化肥费	x_3	36	75.35	17.08	47.33	143.6
农药费	x_4	36	18.94	9.716	8.16	55
机械作业费	x_5	36	28.77	22.74	0	87.73
净利润	x_6	36	96.49	45.13	−21.75	189.1
平均出售价值	x_7	36	287.7	29.37	238.7	350
农村居民消费支出	x_8	36	8 697	2 003	4 569	12 171
农村居民可支配收入	x_9	36	12 306	2 491	7 919	17 866
城镇居民消费支出	x_{10}	36	18 189	3 179	12 722	26 081

（续）

二级指标名称	变量名	变量数	均值	方差	最小值	最大值
城镇居民可支配收入	x_{11}	36	29 562	4 841	22 090	40 844
人工成本	x_{12}	36	229.6	44.98	134.2	340.8
等级公路里程	x_{13}	36	11 517	6 577	3 138	21 527

从描述性统计表来看，各项指标较为正常，方差较大的主要是 x_8、x_9、x_{10}、x_{11}、x_{13} 这 5 个因素，究其原因主要是以上几个指标都有逐年递增的趋势，同时各个地市的资源禀赋不同导致这 5 个指标数值差距较大，从而导致方差较大。具体而言，以吉安市等级公路指标为例，2013 年等级公路里程为 20 023 千米，2018 年等级公路里程为 21 527 千米，呈现逐年递增；鹰潭市 2013 年等级公路里程为 3 138 千米，2018 年等级公路里程为 3 370 千米，呈现逐年递增，但两个地区之间的等级公路里程差距较大，吉安市等级公路里程约为鹰潭市的 7 倍，究其原因，主要是地区之间的发展不平衡和受自然地理条件的限制所导致，因此，等级公路里程指标（x_{13}）之间的方差虽然较大，但也处在正常范围之内，可以接受此结果。

二、江西油菜产业竞争力的结果分析

通过 Stata 15 进行熵值法计算，结果见表 7 - 7。

表 7 - 7 江西油菜产业竞争力熵值法计算结果

年份	吉安市	景德镇市	九江市	南昌市	上饶市	鹰潭市
2013 年	0.39	0.32	0.38	0.43	0.33	0.23
2014 年	0.45	0.37	0.47	0.60	0.39	0.29
2015 年	0.46	0.42	0.50	0.65	0.46	0.32
2016 年	0.53	0.42	0.47	0.64	0.50	0.34
2017 年	0.59	0.52	0.57	0.68	0.57	0.44
2018 年	0.63	0.52	0.64	0.74	0.59	0.49

采用熵值法计算 2013—2018 年江西 6 个地市油菜产业竞争力得分，

在一定程度上可以较客观地反映油菜产业发展状况,对表7-7进一步分析,可得出图7-4。

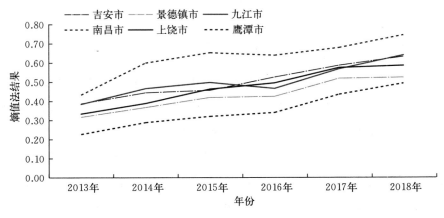

图7-4 江西6个市油菜产业竞争力

如图7-4所示,纵向对比来看,整体而言江西6个地市油菜产业竞争力有着明显的增长趋势,2013—2018年吉安市、景德镇市、九江市、南昌市、上饶市、鹰潭市的油菜产业竞争力涨幅分别为63.06%、65.08%、66.22%、71.42%、75.28%、117.11%,其中鹰潭市的涨幅最大为117.11%,南昌市的涨幅最小为63.06%。虽然整体上呈现增长趋势,但是存在个别年份个别地市出现下滑,具体而言:2015年九江市油菜产业竞争力水平为0.50,2016年为0.47,降幅为6.39%。查阅数据可知,九江市油菜产业竞争力下降的原因主要在于净利润的下降幅度太大,从2015年的98.55元/50千克降至2016年的48.12元/50千克,降幅为51.17%,而指标体系的其他数据变化幅度并不大。南昌市2015年的油菜产业竞争力水平为0.65,2016年为0.64,降幅为2.14%。查阅数据可知,竞争力下降的主要原因在于机械作业费的增加,但是下滑不大。

横向对比来看,南昌市的油菜产业竞争力水平最高,鹰潭市油菜产业发展水平最低。对相关数据按照年份取其均值来看,南昌市2013—

2018 年油菜产业竞争力水平的均值为 0.62，鹰潭市为 0.35，南昌市为鹰潭市的 1.78 倍。取各年份数据的均值来看，主要差距在净利润和等级公路里程上。南昌市 2013—2018 年的净利润均值为 167.24 元/50 千克，鹰潭市为 36.31 元/50 千克，南昌市为鹰潭市的 4.61 倍。一方面是南昌市的油菜种植水平比鹰潭市高，另一方面是由于南昌市的油菜收购价格比鹰潭市高。2013—2018 年南昌市的等级公路里程为 9 549.88 千米，鹰潭市为 3 248.40 千米，南昌市为鹰潭市的 2.94 倍，可见作为环境硬件条件而言，鹰潭市的发展落后于南昌市，从而对油菜产业竞争力水平有一定的影响。

第六节　结论及建议

本章采用熵值法通过公开数据计算了 2016—2020 年我国各省份的油菜产业竞争力；通过定点定时调研的方式获取了江西省内 10 个县（市、区）的油菜产业数据，并通过公开数据整理计算了 2013—2018 年江西省内 6 个油菜主产地油菜产业的竞争力，分析得出如下结论。

一、江西油菜产业发展空间较大

通过分析 2016—2020 年全国各省份油菜产业竞争力，无论是取均值排名还是看 2020 年排名，江西排名都是第十，整体而言中等偏下，仍有巨大的进步空间。相比第一梯队的浙江、江苏等地的产业竞争力显得较为薄弱，应通过学习高水平地区的种植经验，引进、培育新产品来促进江西油菜产业发展。

二、江西油菜产业发展向好

利用 2013—2018 年的定点调研数据和 2016—2020 年国家统计局公布的数据，测算了江西油菜产业竞争力，整体来看，江西油菜产业发展一直处于稳定进步中。2013—2018 年，江西 6 个油菜主产地的油菜产业竞争力都在上升；从 2016—2020 年全国数据看，虽然江西油菜产业竞争力排名中等偏后，但是发展水平仍逐年上升，从 2016 年 0.32 上升到 2020 年的 0.41，发展向好。

三、生产成本上涨显著影响产业竞争力提升

受国际石油价格动荡的影响，农药费、化肥费、机械作业费不断增加，这 3 项费用作为油菜生产必不可少的开支，极大程度上影响着油菜产业成本，同时与油菜产业竞争力呈负相关。一方面相关部门可以对此 3 项费用的支出进行补贴，另一方面可以进行抗病虫、抗干旱品种的研发，从而降低农药费、化肥费、机械作业费上涨对油菜产业的影响。

第八章

研究结论与政策建议

整体来看，江西油菜主产区集中在九江、吉安、上饶、宜春和南昌等地，油菜生产技术效率和油菜产业竞争力呈现整体偏弱但上升的态势。结合前文分析，针对江西油菜产业发展，总结出以下结论和相关建议。

第一节　研究结论

一、江西菜籽油成本收益率明显高于油菜籽

江西油菜籽多压榨后出售，由于出售对象多为当地消费者，售价较高，菜籽油收益较好。而油菜籽多出售给油料加工企业或当地榨油坊，售价偏低，收益率远不如菜籽油。

二、技术进步对油菜全要素生产率至关重要

技术进步与全要素生产率呈正相关，全要素生产率的提升来源于技术进步。一方面技术进步有利于提升区域的科研水平，有助于研发出适应本地的新品种，更好地进行有针对性种植栽培，从而提升油菜产量；另一方面技术进步有利于提升当地的机械化水平，减少人工成本，提升种植效率，可有力推动当地油菜全要素生产率提高。

三、种植成本不断增加，严重影响油菜产业发展

研究结果表明，农药费、化肥费、机械作业费三大费用作为油菜生产中必要的开支，一直制约着产业发展。虽然整体上油菜产业竞争力不断提升，但受国际油价变动的影响，此三大费用不断上涨，从而抑制了区域油菜生产，导致部分区域的油菜产业竞争力出现下滑迹象。

第二节　政策建议

一、宏观层面

（一）完善政府扶持政策

第一，地方政府加大引导力度。各级地方政府要充分利用好稻油轮作、粮油高产创建、化肥减量增效和重大病虫害防治等项目资金，加大对油菜产业发展投入的引导支持力度，促进企业、风险资本、个人等社会力量投入油菜产业发展，形成以政府为主导、企业为主体、风险资本和社会多方力量广泛参与的稳定多元投入体系。第二，继续加大对油菜主产县（市、区）油菜种植户的现金和物化补贴力度，部分区域继续保持现金补贴，并将补贴直接发放至种植油菜农户和经营主体的一卡通。同时，鼓励部分区域采取物化补贴形式，由地方政府免费供种、供肥，统一提供翻耕、飞防、收获等社会化服务。第三，对油料加工企业进行低息和贴息支持。对加工销售国产菜籽的企业给予加工补贴，促进国产油菜籽加工快速发展。增加对油菜生产和加工薄弱环节的补贴，加大机收、烘干储藏等环节的补偿投资，解决农户的后顾之忧。第四，将全程机械化农机具纳入农机补贴范畴。将高品质菜籽油、菜薹等产地加工机械装备，以及干燥、储运和产地加工新技术所需机械全部纳入农机补贴范围，降低油菜产业链各经营主体购机成本。大力推广专用油菜生产农机（具）的应用。重点推进全程机械化综合农事服务中心创建，推动油菜种植社会化服务发展。第五，完善农业保险制度。由于油菜生育期较

长，生长期间自然灾害频发，应急处理措施不当，将导致油菜籽大幅减产，农户损失惨重，建议完善油菜政策性和商业保险制度，降低风险，减少农民损失。第六，银行应将油菜生产企业、油菜生态旅游公司列为优先扶持对象，根据项目用途与实际需要，适当放宽担保抵押条件，针对农业生产的特性合理确定贷款期限，最大限度满足其合理资金需求。

（二）加强市场体系建设，培育消费市场

首先，搞好市场体系建设，积极开拓市场。帮助油菜籽加工龙头企业与省内外超市、食品博览会对接，开展双低品牌营销，拓展产品在国内外的销售渠道，提高产品知名度和市场份额。其次，广泛宣传推动，扩大影响和市场份额。积极开展国家惠农政策及新品种、新技术等的宣传和推动，加大推广普及力度，通过试点示范作用和新闻媒体传播，广泛培训、引导基层特别是边远落后地区的农户和干部，充分掌握政策，提升科技水平。对优质低芥酸菜籽油的营养价值和食用、保健作用等进行普及和宣传，积极引导民众消费，同时，对低芥酸菜籽油品牌和优质双低油菜种子进行重点推广和培植。

（三）以品牌为导向，支持龙头企业推进精深加工

首先，以树立发展品牌为主导，扶持现有油料加工企业做大做强，加大油菜籽加工项目的投入，支持油菜籽生产设备和工艺流程改进，重点支持油菜籽烘干储藏设备新建及菜籽油滤油精炼等环节，提高提纯度和香浓度，以消费者需求为主导开发具有差异性的产品。在此基础上，引进一批实力雄厚、竞争力强、影响力大的全国知名菜籽油加工企业和物流销售企业，以强龙带动产业集聚发展，推进集产加销一体化粮油加工产业集团的建立。其次，在油菜副产品精深加工上突破性发展，建设精深加工基地。加快油菜籽榨油技术升级，主推先进的脱皮冷榨膨化技术，提高菜籽油品质，将饼粕用于开发新产品，提高油菜加工收益。最后，开发副食品。油菜籽脱壳后还可开发出休闲食品或作为休闲食品配料，也可针对性地开发保健食品，丰富油菜籽加工产品，增加收益。

二、微观层面

（一）建立油菜产业科技创新协同攻关机制

建立油菜科技创新联盟，将分散的科技资源联合起来，构建产、学、研、推紧密结合，上中下游有机衔接的协同协作机制，集中省内优势团队和骨干人才，明确各研究团队的分工定位和职责所在，聚焦关键瓶颈技术，组织攻关协作。定期组织对江西油菜产业发展的限制因素进行调研，对潜在的威胁进行预警，重点加强对优质、高产油、多抗、适应机械化生产的油用品种和菜油两用、饲用、肥用、观花专用等油菜多功能应用品种的改良，以及相关的育种技术创新、种质资源创制、配套技术集成和示范推广等创新与应用，开展油菜全产业链的科研攻关。破解科研产出评价、职称评聘中存在的不合理规章，建立健全科研产出评价与激励机制，推进科技创新协同攻关。

（二）加强油菜种质资源的保存和育种研究及应用

首先，加强种质资源库数字化建设。依托江西农作物种质资源库建设，运用基因编辑、转基因等生物技术加强人工创制资源的保存、共享和利用，对油菜种质资源开展精准的鉴定评价，建立健全包含中期库、长期库和复份库的完整保护体系和管理制度。同时利用数字化技术（VR、AR 等视觉技术）建设展示平台，清晰直观地展示各种种质资源的生理特性、产地等信息。其次，加强转基因育种研究及应用。继续加强转基因育种研究，充分挖掘利用优良基因，提升分子育种和基因组设计育种水平，加强油菜转基因育种技术和材料储备，丰富现有油菜遗传变异，筛选集高产、高油、抗倒伏、抗病虫等多种优异性状聚合的突破性种质，挖掘转基因油菜种植潜力和增产潜力。最后，开展延长花期和反季节开花技术攻关。在品种上，无论是观花专用还是观花兼用，均要求提高品种对菌核病的抗性，迫切需要大力培育推广抗根肿病、高抗耐菌核病、抗倒伏、抗裂角、高产的油菜新品种。观花专用品种强调花色鲜艳、花瓣大、花期长，而观花兼用或油用品种则需重视产量和产油量的提高。在技术上，对于观花专用生产，应攻关在国庆节、元旦期间盛花的反季观花油菜生产技术，延长油菜花期的间作套种栽培技术；而对于观花兼用或油用规模化生产，突破秸秆还田下的直播全苗技术和养分管理技术，实现机械化种植、收获和田间管理。

（三）加强专项研究支持力度和科研基础设施建设

农业供给侧结构性改革、中美贸易战和生产要素资源的变化都要求关系国计民生的油菜科技创新实现突破并保持长期稳定发展。针对这种变化，当前油菜产业的进一步发展迫切需要调整科研重心，依托科技进步，推进生产方式的转变，提高经济效益和产品竞争力。油菜生产符合提质增效、绿色生态可持续、"藏粮于技、藏粮于地"等国家发展理念和发展战略，设立专项以加强对油菜新品种选育、轻简化和机械化生产等关键技术研究的资助。与其他农作物科研一样，油菜科研周期相对较长，因此，在科技投入机制上要求持续稳定，投入力度上要求强度适当。针对目前油菜科研基础设施建设不完善、不配套等问题，建议加强基础设施建设，努力改善试验条件，加大对油菜品种测试基地、亲本繁育基地、北繁基地、病害筛选与鉴定圃等的建设。

（四）构建油菜产业体系预警机制

多重不利因素对农业农村生产生活造成了不少困难和阻碍，建议针对灾情险情等特殊情况建立油菜产业体系预警机制。一是若有灾情发生，设立油菜技术服务热线。农业高校、农业科研院所和农技推广部门等农口部门，专门设立疫情应急科技服务热线，通过QQ咨询、热线电话、微信视频等多种形式给予油菜种植主体技术指导。充分利用好江西油菜产业技术体系编制发布的《油菜生产技术指导意见》，将技术服务热线一并编印转发给广大种植户，以便给全省油菜种植户提供全面的技术指导，稳定其种植信心。二是制作技术辅导微视频广泛传播，加大对油菜种植户、经纪人、加工企业的帮扶力度。强化组织领导，充分协调市、县农业科研院所的力量，在保障人身安全的前提下，组织农业科技人员，对百亩以上生产规模的油菜核心生产区进行下田查看，了解掌握当地油菜生长情况。对菌核病、蚜虫等病虫害进行重点监控监测，现场指导农户做好病虫害防治、油菜生长管理等工作。同时对技术指导全过程详细记录，制作油菜种植技术辅导微视频，通过电视、直播平台等媒体渠道滚动播放。普及油菜种植管理技术，确保油菜生产各项管理技术措施落实到位，确保粮油供应稳定。

（五）大力研发引进先进适用型联合播收机械

加大油菜机播、机收等各方面的机械研制力度，加快产前、产中、产后成套装备研发速度，实现各环节机械化均衡发展。针对油菜先进适用型联合播收机械缺乏、机收损失较大的突出问题，大力研发、引进并推广适用于江西丘陵山地油菜生产的专用机械和全程机械化生产新技术，降低农机收获损失率，促进冬种生产向规模化经营、机械化生产和专业化服务方向转型。尤其是要重点研发适用于山地丘陵小田块作业相应的小型开沟机、精播机、移栽机、割晒机和割倒粉碎机，规模化生产时，要求中型联合播种机和收割机提高作业效率和作业效果。同时，研发稻草全量还田下的直播全苗、齐苗和匀苗的有效解决方案和适应规模化生产的种植、管理和收获机械。因地制宜示范引导种植大户在规模农田或收获期遭遇极端气候条件下采用分段收获方式，以减少损失率，提高菜籽油品质。对于小规模田块则推广联合收获。

（六）深化油菜多功能特色化开发利用

围绕江西农业结构调整九大产业工程，重点以油用为主，以观花为纽带，菜用、肥用、饲用、蜜用相结合，因地制宜推进油菜菜用、油用、花用、肥用、饲用、蜜用等功能延伸，推动油菜重点县与建设现代农业（示范）产业园、打造田园综合体、休闲景观带建设等重点工作相衔接，持续拓展油菜产业增效空间，实现"一菜多用"。加快构建"油菜＋"综合种养模式。创新油菜产业发展方式，推行"稻—油""稻—稻—油""稻—油—旅""稻—油—蜂"等模式。积极探索"生产＋加工""生产＋物流""生产＋景观""生产＋食宿"等与油菜相关的农业休闲旅游业、康养产业、商贸物流业、生产性服务业、绿色餐饮产业等产业经营模式，实现油菜产业一二三产融合发展，促进全省农业产业结构转型升级。

（七）打造多功能数字化油菜江西品牌

切实重视油菜产业发展，重点培育龙头企业，聚力打造多功能油菜区域化品牌。按照"一个优势区域、一个公共品牌、一套标准体系、多个经营主体和产品"的整合思路，搭建数字化品牌宣传体系，整合提升油菜产品区域品牌，建立官方权威宣传矩阵，集中宣传、集中推介，全方位触达消费者，扩大知名度和影响力。支持和鼓励符合条件的区域申请注册地理标志商标，通过地理标志打造油菜区域公用品牌。支持油菜龙头企业申请认定中国驰名商标并进行保护。做大做强多功能油菜品牌，以花为媒，以地方特有文化为底色，以优质自然环境为依托，将区域观花旅游经济引入纵深发展，开拓与油菜相关的保健品、蜜蜂产品、化妆品、康养产业等延伸，促使油菜区域品牌迈向高端、做大做强。创新销售模式，广泛利用媒体、网络、报纸、展销会等渠道，大力发展直播电商、认养、众筹等数字化营销模式，让多功能油菜江西品牌在展会上有身影、电视上有画面、广播里有声音、网络上有信息、报纸上有文章、户内外有标语，通过不断擦亮名片、唱响品牌，使江西多功能油菜特色产品成为消费者追求健康安全农产品的首选产品。

主要参考文献

常甜甜，邢宇，张明如，等，2022. 我国农业生产效率测算及其影响因素研究——基于长江经济带农业生产面板数据的分析 [J]. 价格理论与实践（5）：197-200.

陈云飞，冯中朝，杜为公，2020. 我国冬油菜生产的技术效率地区差异及其影响因素——以四川、湖北等 11 省市为例 [J]. 中国农业大学学报（9）：166-175.

丛日环，张智，鲁剑巍，2019. 长江流域不同种植区气候因子对冬油菜产量的影响[J]. 中国油料作物学报（6）：894-903.

邓琨，2012. 我国油料作物生产成本收益分析 [J]. 农村经济与科技（2）：62-65.

关周博，田建华，董育红，2016. 我国油菜发展的现状、面临的问题以及应对策略[J]. 陕西农业科学（3）：99-101.

郭军华，倪明，李帮义，2010. 基于三阶段 DEA 模型的农业生产效率研究 [J]. 数量经济技术经济研究（12）：27-38.

金福良，王璐，李谷成，等，2013. 不同规模农户冬油菜生产技术效率及影响因素分析——基于随机前沿函数与 1707 个农户微观数据 [J]. 中国农业大学学报（1）：210-217.

李丹，2010. 油料市场全面开放后我国油菜产业安全分析 [J]. 农村经济与科技（11）：81-83.

李素萍，2012. 湖南省油菜生产成本与效益分析 [D]. 长沙：湖南农业大学.

廖星，2004. 论提升我国油菜产业的发展战略 [D]. 武汉：华中农业大学.

刘慧桢，凌远云，2022. 中国油菜生产技术效率测算及其影响因素——基于农机服务视角的研究 [J]. 湖北农业科学（17）：53-59.

罗海峰，汤楚宙，吴明亮，等，2009. 中国油菜生产机械化影响因素分析 [J]. 湖南农业大学学报（社会科学版），10（4）：31-33.

马文杰，刘浩，冯中朝，2010. 我国油菜生产的地区比较优势及国际竞争力分析 [J]. 科技进步与对策 (14)：64-67.

闵锐，盛欣，王慧青，2016. 湖南省油菜产业发展现状、制约因素及路径选择 [J]. 湖北农业科学 (23)：6091-6095.

浦惠明，龙卫华，刘雪基，等，2015. 油菜不同种植方式成本及效益比较分析 [J]. 江苏农业科学 (12)：558-562.

孙飞，陈玉萍，2019. 湖北省油菜种植收益影响因素的实证分析 [J]. 中国农业大学学报 (9)：198-206.

杨雯，2009. 湖北省不同地区农户种植油菜行为影响因素分析 [D]. 武汉：华中农业大学.

余蕾，2015. 安徽省油菜生产经济效益与影响因素研究 [D]. 天津：天津财经大学.

张静，2018. 湖北省油菜生产比较效益及农户种植意愿研究 [D]. 武汉：华中农业大学.

赵炜，徐清，陆秀兰，2009. 自然灾害对油菜生产的影响及对策 [J]. 现代农业科技 (17)：177-178.

周宏，夏秋，朱晓莉，2014. 农业技术推广到位水平对超级稻产量及技术效率贡献研究 [J]. 农业技术经济 (9)：14-21.

朱永慧，2011. 湖北省油菜籽生产影响因素研究及展望——基于主成分分析法 [J]. 农业展望 (2)：46-49.

HERGERT G W，MARGHEIM J F，PAVLISTA A D，et al，2016. Yield，irrigation response，and water productivity of deficit to fully irrigated spring canola [J]. Agricultural Water Management，168：96-103.

LAMBERT D K，PARKER E，1998. Productivity in Chinese provincial agriculture [J]. Journal of Agricultural Economics，49 (3)：378-392.

SALAME E J，2014. Sources of Agricultural Productivity Differences between Israel，Jordan，Lebanon and Syria using DEA [J]. International Journal of Productivity Management and Assessment Technologies (IJPMAT)，2 (2)：47-61.

SECCHI M A，CORRENDO A A，STAMM M J，et al，2022. Suitability of different environments for winter canola oil production in the United States of America [J]. Field Crops Research，287：108658.

THEODORIDIS A，RAGKOS A，ROUSTEMIS D，et al，2012. Assessing technical efficiency of Chios sheep farms with data envelopment analysis ［J］. Small Ruminant Research，107 (2 - 3)：85 - 91.

ZELEKE K T，LUCKETT D J，COWLEY R B，2014. The influence of soil water conditions on canola yields and production in Southern Australia ［J］. Agricultural Water Management，144：20 - 32.